Im Gefängnis

Ein Kinderbuch über das
Leben hinter Gittern

1. Auflage 2018
© 2018 by Klett Kinderbuch
Alle Rechte vorbehalten
Umschlaggestaltung: Florian v. Wissel, hoop-de-la design, Köln
unter Verwendung von Illustrationen von Susann Hesselbarth
Satz & Layout: Florian v. Wissel, hoop-de-la design, Köln
Illustrationen: Susann Hesselbarth
Druck und Bindung: Livonia Print, SLA Riga
Printed in Latvia
ISBN 978-3-95470-186-5
www.klett-kinderbuch.de

Thomas Engelhardt Monika Osberghaus

Im Gefängnis

Ein Kinderbuch über das
Leben hinter Gittern

Illustrationen von Susann Hesselbarth

Klett
Kinderbuch

Inhaltsverzeichnis

DER ORT, DEN MAN NICHT KENNT

Ein Mann geht ins Gefängnis. Er steigt aus dem Auto, holt eine große Reisetasche aus dem Kofferraum, umarmt die Frau, mit der er gekommen ist, gibt ihr einen Kuss. Er schaut sich um: Parkplatz, hohe Zäune, Stacheldraht über der Mauer – da ist der Eingang. Da muss er rein.
Noch ein kurzes Winken zu der Frau. Dann ist er drin.

Nennen wir ihn Robert.
Robert hat ein Verbrechen begangen, schlimm genug, dass er dafür ins Gefängnis muss. Er brauchte dringend Geld und hat es geraubt, dabei noch jemanden mit einer Waffe bedroht. Alles kam raus, und deshalb wurde er zu drei Jahren Haft verurteilt.
Heute fangen diese drei Jahre an. Aus dem Gebäude, in das er gegangen ist, wird er lange nicht mehr herauskommen.

Roberts Tochter Sina wollte mitfahren und ihn verabschieden. Aber das wollten ihre Eltern nicht. Sina ist acht Jahre alt. Wenn er wieder nach Hause kommt, wird sie elf sein. Oder zehn, falls er etwas früher wieder rausdarf. Drei Jahre oder zwei Jahre – das ist ihr fast egal, denn beides ist eine Ewigkeit. Robert war noch nie länger als fünf Tage weg.

Sina hat keine Ahnung, was das für ein Ort ist, wo ihr Papa jetzt ist.
Für Kinder wie sie ist dieses Buch.
Aber auch für alle anderen. Denn in ein Gefängnis kommt man nicht so leicht, erst recht nicht als Kind. Es ist ein Ort, von dem jeder weiß, dass es ihn gibt, den aber fast keiner kennt. Ein schlimmer und ein interessanter Ort. Viele Menschen arbeiten dort. Noch mehr Menschen verbringen dort Jahre ihres Lebens als Gefangene. Papas und Mamas und Onkel und große Brüder, vielleicht auch der Nachbar, der kürzlich ausgezogen ist.
Meistens wird nicht darüber gesprochen.

Weil Sina nicht mitdarf, geht dieses Buch jetzt mit.
An den Ort, den man nicht kennt.

WARUM GIBT ES DAS GEFÄNGNIS?

Wir leben in einem freien Land. Wir sind freie Menschen.
Kinder müssen noch auf ihre Eltern hören, aber als Erwachsene
können wir tun und lassen, was wir wollen. Solange wir nicht
gegen unsere Gesetze verstoßen.
Die Gesetze regeln unser Zusammenleben. Sie sollen verhindern,
dass wir anderen Menschen schaden, ihnen etwas wegnehmen,
sie verletzen, bedrohen oder betrügen.
Wer das trotzdem tut, also ein Verbrechen begeht und dabei erwischt
wird, wird dafür bestraft. Bei schweren Verbrechen wird man von einem
Gericht zu einer Freiheitsstrafe verurteilt. Dann muss man ins Gefängnis.
Denn dort wird die Freiheitsstrafe vollzogen, so nennt man das.
Und deshalb heißt ein Gefängnis eigentlich Justizvollzugsanstalt
oder abgekürzt **JVA**.

Wer ins Gefängnis kommt, dem wird also die Freiheit genommen.
Die Freiheit zu tun, was man will. Die Freiheit, dahin zu gehen,
wo man hinwill. Deshalb gibt es hohe Mauern mit Stacheldraht und
Alarmanlagen um ein Gefängnis herum. Und Zellen mit Gittern vor
den Fenstern und schweren Stahltüren mit Gucklöchern. Und noch
mehr Türen in den Fluren und zwischen den Abteilungen, an jeder
Treppe. Türen und Gitter mit mächtigen Schlössern und Beamte mit
schweren, klirrenden Schlüsselbunden.

Eigentlich machen Gefangene fast die gleichen Sachen wie Menschen
in Freiheit: Sie schlafen, essen, arbeiten, machen Sport, lesen, sehen
fern, hören Radio und spielen an der Playstation. Mit manchen
Menschen streiten sie sich, mit anderen verstehen sie sich gut.

Trotzdem sind sie in einer anderen Welt.

WER KOMMT INS GEFÄNGNIS?

Wer eine Straftat begangen hat und dabei erwischt wurde, der wird vor Gericht gestellt. Wenn es genug Beweise für seine Schuld gibt, wird er verurteilt. Bei kleineren Straftaten muss man meistens eine Geldstrafe bezahlen. Nur für richtig schlimme Vergehen muss man ins Gefängnis.

1 Maik P.

Wurde verurteilt, weil er einen Menschen ermordet hat. Das ist das schlimmste Verbrechen überhaupt. Die Strafe lautet dann: „Lebenslang". Das heißt aber nicht, dass man sein ganzes Leben hinter Gittern verbringen muss. Meistens dauert „Lebenslang" ungefähr zwanzig Jahre. Nur wer danach immer noch gefährlich ist, muss wirklich lebenslang in Haft bleiben. Er kommt nach der Haftstrafe in die Sicherheitsverwahrung. Das bedeutet: Er kommt nie wieder frei.

2 Stefan B.

Stefan wurde zu drei Jahren Haft verurteilt wegen Betrug.
Er hatte Leute dazu gebracht, ihm Geld zu geben, mit dem er angeblich Häuser kaufen wollte. Die Häuser gab es aber gar nicht.

3 Murat S.

Vier Jahre wegen verschiedenen Straftaten wie Fahren ohne Führerschein, unerlaubtem Entfernen vom Unfallort, Körperverletzung, diversen Einbrüchen und Diebstahl.

4 Fred S.

War schon ein paar Mal im Gefängnis. Wegen Körperverletzung, Diebstahl und Betrug. Fred wurde zu fünf Jahren Freiheitsstrafe verurteilt.

5 Richard M.

War schon als Jugendlicher oft gewalttätig. Jetzt wurde er wegen gefährlicher Körperverletzung zu fünf Jahren Freiheitsstrafe verurteilt.

6 Robert W.

Robert ist spielsüchtig, er brauchte dringend Geld und hat eine Tankstelle überfallen. Seine Strafe: drei Jahre wegen schwerem Raub.

7 Julia W.

Ist im Gefängnis, obwohl sie noch nicht verurteilt wurde. Sie wird verdächtigt, einen Bankraub begangen zu haben. Weil sie keinen festen Wohnsitz hat und das Gericht befürchtet, dass sie flüchten könnte, muss sie bis zur Verhandlung ins Gefängnis. Das nennt man Untersuchungshaft.
Für Frauen gibt es Frauengefängnisse, in denen es etwa genauso abläuft wie bei den Männern.
Weil Frauen viel seltener Straftaten begehen und es deshalb viel weniger weibliche Gefangene gibt, erzählen wir in diesem Buch von einem Mann.

WER ARBEITET IM GEFÄNGNIS?

Im Gefängnis arbeiten viele Menschen mit ganz verschiedenen Berufen. Der Gefängnisleiter **Herr Rolfes** ist der Chef von allen. Richtig nennt man ihn: Leiter der Justizvollzugsanstalt.

In den Vollzugsabteilungen arbeiten die Leute, die man früher „Wärter" genannt hat. Heute heißen sie Justizvollzugsbedienstete. Ein Gefängnis hat mehrere Abteilungen, in denen 40 bis 100 Gefangene untergebracht sind. Jede dieser Abteilungen hat wiederum einen Leiter oder eine Leiterin.

Herrn Adlers Arbeitsplatz ist das Hafthaus, in dem die Gefangenen in ihren Hafträumen leben. Herr Adler ist hier der Stationsbedienstete. Er schließt die Zellen auf oder zu, bringt die Gefangenen zu ihrem Arbeitsplatz oder zur Freistunde auf den Hof und kontrolliert mehrmals am Tag, ob alle da sind. Er kennt die einzelnen Gefangenen mit ihren Stärken und Schwächen oder besonderen Problemen. Typisch für ihn ist sein großer Schlüsselbund, den er ständig braucht, weil es im Gefängnis fast keine offenen Türen gibt. Den Schlüsselbund darf er niemals aus der Hand geben.

Frau Blässe sitzt an der Eingangspforte. Wenn man ins Gefängnis reinwill, muss man klingeln. Dann kommt man in einen Vorraum. Hinter einer Glasscheibe sitzt Frau Blässe und kontrolliert jeden, der reinwill, und jeden, der rauswill. Auch alle ihre Kollegen, sogar den Chef.

Frau Jaro ist für die Besucher der Gefangenen zuständig. Sie erklärt ihnen ganz genau, wie der Besuch abläuft. Sie ist sehr freundlich, vor allem zu Kindern. Trotzdem müssen auch die Kinder genau kontrolliert werden, damit nichts ins Gefängnis reingeschmuggelt wird.

Bevor ein Gefangener in seinen Haftraum kommt, muss er in die Kammer. Dort arbeitet **Herr Neuer**. Er nimmt den Neuankömmlingen alles ab, was nicht mit ins Gefängnis darf. Ausziehen müssen sie sich auch.

Herr Weigl ist für die Sicherheit im Gefängnis zuständig. Er und seine Mitarbeiter sorgen dafür, dass keiner ausbricht und dass die Sicherheitsanlagen funktionieren. Und sie kontrollieren regelmäßig die Hafträume. Dabei durchsuchen sie die Zellen sehr genau. Vor allem nach Drogen, Handys und Dingen, die man als Waffen benutzen kann. Es gibt sogar Spürhunde, die Handys erschnüffeln können.

In vielen Gefängnissen gibt es Werkstätten, in denen die Gefangenen arbeiten können. Die Werkstätten werden von Handwerksmeistern geleitet. Manche Gefangene arbeiten auch in der Gefängnisküche. **Herr Müller** ist der Küchenchef.

Im Gefängnis arbeiten auch Psychologen, Sozialarbeiter und Sucht- und Schuldenberater. **Frau Demme** ist Psychologin. Sie spricht mit den Gefangenen über ihre Straftaten und über ihr Leben. Denn viele Gefangene haben Probleme mit sich und der Welt. Manche sind gewalttätig, aber auch andere, die das nicht sind, haben große Schwierigkeiten in ihren Beziehungen zu anderen Menschen.

Frau Gündogan, die Sozialarbeiterin, ist für die
Betreuung der Gefangenen und ihrer Angehörigen
da. Sie hilft den Gefangenen, den Papierkram
zu regeln, wenn es etwa darum geht, die
Wohnung zu kündigen. Auch bei den Schulden,
die viele Gefangene haben, gibt sie Rat, wie es
weitergehen kann. Sie kümmert sich auch um
die Freizeitgestaltung und organisiert besondere
Veranstaltungen. Vor der Entlassung unterstützt
sie den Gefangenen bei der Wohnungs- oder
Arbeitssuche. Frau Gündogan und ihre Mitarbeiter
helfen auch Häftlingen, die alkohol- oder
drogensüchtig sind. Eigentlich sind sie für alle
Probleme da, die die Gefangenen mit sich
herumschleppen.

Außerdem gibt es noch katholische und evangelische Pastoren
und muslimische Imame, Krankenpfleger und Ärzte und schließlich
die Menschen, die im Verwaltungstrakt arbeiten und zum Beispiel
die Buchführung machen.

WAS ROBERT GEMACHT HAT UND
WIE ER VERURTEILT WIRD

Sinas Papa Robert ist spielsüchtig. Niemand wusste davon. Er hat heimlich viel Zeit in Spielkasinos verbracht, immer mehr Geld verspielt und immer mehr Schulden gemacht. In seiner Verzweiflung hat er eine Tankstelle überfallen. Er hat den Mann an der Kasse mit einer Schreckschusspistole bedroht, hat Geld erbeutet und ist abgehauen. Aber weil er zufällig auf der Flucht von einem Zeugen erkannt wurde, konnte die Polizei schnell herauskriegen, dass er es war.

Robert kommt nicht sofort ins Gefängnis. Das passiert nur, wenn das Gericht befürchtet, dass der Täter abhaut, Beweise verschwinden lässt oder Zeugen Angst macht. Oder wenn er keinen festen Wohnsitz hat. Dann müsste der Täter in Untersuchungshaft.

Weil das alles bei Robert nicht der Fall ist, bleibt er bis zum Strafprozess zu Hause bei seiner Frau Janine und seiner Tochter Sina. Die Zeit bis dahin kann ganz schön lang werden.

Ein Strafprozess ist dazu da, die Schuld oder Unschuld eines Angeklagten zu beweisen. Am Ende des Prozesses fällt das Gericht ein Urteil.
Bei nicht so schlimmen Straftaten entscheidet ein Berufsrichter ganz alleine. In Roberts Fall geht es aber um ein schweres Verbrechen, einen bewaffneten Raubüberfall. Da sind außer dem Berufsrichter noch zwei Schöffen dabei, ganz normale Leute aus der Bevölkerung. Sie helfen dem Richter, ein gerechtes Urteil zu sprechen.

Die meisten Verhandlungen sind öffentlich. Wer will, kann zugucken.
Roberts Tochter Sina sitzt mit ihrer Mutter auch im Zuschauerraum.
Sie wollte unbedingt dabei sein. Keiner hat es ihr ausreden können.
Neben Robert sitzt seine Verteidigerin Frau Albers. Sie passt auf, dass seine Rechte nicht verletzt werden.

Der Staatsanwalt ist der Vertreter des Staates. Er möchte beweisen, dass Robert schuldig ist. Zu Beginn des Prozesses verliest er die Anklageschrift.
Da steht alles drin, was Robert vorgeworfen wird.
Zuerst wird Robert befragt. Eigentlich muss er nichts sagen.
Aber gleich zu Beginn gibt er alles zu. Das nennt man ein Geständnis.

Während der Beweisaufnahme werden die Zeugen vernommen: die Polizisten, die ermittelt haben, der Augenzeuge, der Robert erkannt hat, und der Mann von der Tankstelle. Sie berichten genau, wie alles war.

Danach halten der Staatsanwalt und die Verteidigerin eine Rede, die nennt man Plädoyer. Der Staatsanwalt versucht das Gericht von der Schuld des Angeklagten zu überzeugen. Frau Albers möchte ein möglichst mildes Urteil für Robert erreichen.

Am Ende kommt Robert selbst dran. Er entschuldigt sich bei dem Tankstellenmann, aber auch bei seiner Frau und seiner Tochter Sina und sagt, wie leid ihm tut, was er angerichtet hat.

Das Gericht zieht sich zur Beratung zurück und verkündet danach das Urteil. Robert wird wegen bewaffneten Raubüberfalls zu einer Freiheitsstrafe von drei Jahren verurteilt.

Bis Robert ins Gefängnis muss, können ein paar Monate vergehen. So lange bleibt er zu Hause. Auf Abruf. Das kann eine schwere Zeit für alle sein. Wenn man weiß, irgendwann kommt der Tag, an dem der Papa oder der Mann, die Freundin oder der Bruder für lange Zeit ins Gefängnis geht.

Und eines Tages liegt dann die Ladung zum Haftantritt im Briefkasten. So heißt das Schreiben, in dem einem Verurteilten mitgeteilt wird, wann er ins Gefängnis gehen muss.

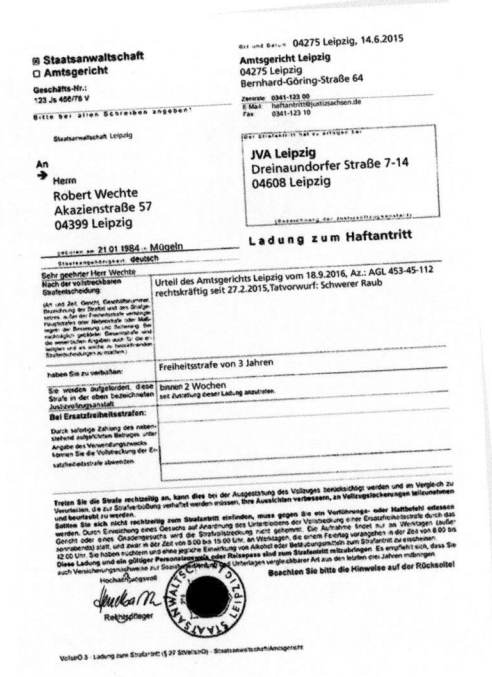

Heute muss Papa ins Gefängnis

Vorhin sind sie losgefahren. Ich wollte so gerne mit, aber das wollten sie nicht.

„Es ist doch so schon schwer genug, mein Mädchen", hat Papa gesagt und mich zum tausendsten Mal ganz fest umarmt. Er hat dauernd überlegt, was er einpacken soll, und immer wieder Sachen rausgeholt aus seiner Tasche und andere reingetan. Ich hab ihm ein Bild gemalt und mitgegeben, das soll er sich übers Bett hängen. Von unserem Haus und wir alle stehen davor. Mama und er und ich und unser alter Kater Fritz. Der wird Papa auch vermissen.

Ob Oma ihn vermisst, da bin ich nicht so sicher. Sie bleibt heute bei mir, während Mama ihn dahinbringt. Oma denkt, sie muss mich trösten und mit mir reden und irgendwas spielen und mir was Tolles zu essen machen. Ich will das aber alles nicht. Ich merke doch: Sie ist vor allem sauer auf Papa, dass der uns allen so was antut. Ich will aber nicht, dass sie böse über ihn spricht. Er ist doch mein Papa!

Er hat was ganz Dummes gemacht und jetzt muss er dafür gradestehen. So hat es die Frau Albers erklärt, das war Papas Rechtsanwältin. Sie hat sich bis zur Gerichtsverhandlung um ihn gekümmert und ihn verteidigt. Ich war dabei und war stolz auf sie und noch mehr auf Papa, weil er ganz ehrlich war und gesagt hat, dass ihm alles so leidtut. Das fand ich cool von ihm. Aber jetzt bin ich nicht mehr so stolz auf ihn. Wenn der eigene Papa ins Gefängnis kommt, da ist man nicht stolz als Kind. Was sag ich denn jetzt in der Schule?

ANKUNFT IM GEFÄNGNIS

Heute ist der Tag, an dem Robert seine Haft antreten muss.
Er hat sich daheim von seiner Tochter und auf dem Parkplatz von seiner
Frau verabschiedet. Nun schultert er seine Reisetasche und geht zur Pforte.
Dort muss er klingeln. Der Türöffner summt und Robert öffnet die Tür.
Er geht hinein. Die Tür fällt hinter ihm ins Schloss.
Jetzt ist Robert im Gefängnis.

Zuerst muss er durch einen Metallrahmen gehen, wie am Flughafen.
Dann schreibt ein Justizvollzugsbediensteter seinen Namen auf, das
Datum und die genaue Uhrzeit. In dieser Minute beginnt die Haftzeit.
Ein anderer Bediensteter holt ihn ab und bringt ihn mit seinen Sachen
zur Kammer – das ist die Abteilung, in der ein neuer Gefangener
seine Gefängnis-Sachen bekommt. Die Kammer ist oft im Keller
des Gefängnisses.

Das Erste, was einem auffällt, wenn man noch nie in einem
Gefängnis war, sind die vielen verschlossenen Türen und
Stahlgitter, vor denen man immer warten muss, bis ein Beamter
sie mit einem seiner vielen Schlüssel öffnet. Auf Schritt und Tritt
hört man das Schlüsselklirren.

Als Robert in der Kammer ankommt, stellt ihm Herr Neuer, der Leiter der
Kammer, einige Fragen. Er will sich einen ersten Eindruck verschaffen,
was für ein Mensch der neue Gefangene ist. Robert wird auch gemessen
und fotografiert. Seine Fingerabdrücke werden genommen und er kriegt
eine Nummer. All das wird im Computer gespeichert. Er muss sich nackt
ausziehen, damit Herr Neuer sehen kann, ob Robert etwas ins Gefängnis
schmuggeln will, was dort verboten ist. Robert muss schlucken.
Hier bei Herrn Neuer merkt er zum ersten Mal so richtig, dass sein
Leben in Freiheit für lange Zeit vorbei ist.

noch 730 Tage

In manchen Gefängnissen kann man seine eigene Kleidung tragen, in anderen gibt es eine Anstaltskleidung, die für alle ähnlich ist. Diese Sachen sind aber nicht gestreift wie in alten Filmen. Meistens sind es Jeans, T-Shirts und Hemden.

In Roberts Gefängnis gibt es diese Anstaltskleidung. Seine eigenen Sachen werden weggepackt. Wenn er Hafturlaub bekommt, wird er sie zum ersten Mal wieder anziehen. Aber bis dahin wird es noch lange dauern. Es ist ein komisches Gefühl, Sachen anzuziehen, die man sich nicht selbst ausgesucht hat.

Falls man Essen oder Getränke dabei hat, wird das jetzt weggeworfen. Alles andere, was nicht mit in die Zelle darf, kommt in Säcke oder Kartons, die versiegelt werden. Die Kisten werden in einem großen Raum gelagert. Erst bei der Entlassung bekommt man alles zurück.

Robert hatte sich vorher erkundigt, was er mitnehmen darf und was nicht. Daher wird für ihn keine große Kiste gebraucht. Trotzdem muss er auch alle erlaubten Dinge erst mal abgeben. Sie werden untersucht, und wenn alles in Ordnung ist, kann er sie mit in seinen Haftraum nehmen. Denn so heißt die Zelle eigentlich.

Außerdem bekommt Robert sein Zugangsbündel. Da ist alles drin, was er erst mal braucht: Bettzeug, ein Handtuch, Shampoo und Duschzeug, Zahnbürste und Zahnpasta, ein Plastikteller, eine Plastikschüssel, eine Tasse und Besteck. Das Messer ist so stumpf, dass man damit niemanden verletzen kann.

Begleitet von einem Bediensteten, trägt Robert seine Sachen ins Hafthaus. Das ist das Gebäude, in dem die Gefangenen wohnen.

Dort wird das Zugangsgespräch geführt. Das machen der Stationsbedienstete Herr Adler und die Sozialarbeiterin Frau Gündogan. Sie wollen wissen, mit wem sie es zu tun haben. Ob der neue Gefangene eher ruhig und gefasst ist oder aggressiv. Oder ob man sich Sorgen machen muss, dass er sich vielleicht umbringen will. Sie fragen nach, ob er schon mal in Haft war, ob er drogenabhängig ist oder andere Probleme hat. Außerdem erklären sie ihm, wie das Leben im Gefängnis organisiert ist und wie man sich als Gefangener zu verhalten hat.

Jeder neue Häftling wird auch von einem Arzt untersucht. Es muss ja festgestellt werden, ob er vielleicht krank oder verletzt ist und medizinische Hilfe braucht.

Wenn das alles endlich erledigt ist, wird Robert zu seinem Haftraum gebracht. Das wird für die nächsten Jahre sein Zimmer sein. Ein Zimmer, dessen dicke Stahltür ein Guckloch hat und das nur mit einem schweren Schlüssel von außen geöffnet werden kann.

WAS DARF IN EINEN HAFTRAUM?

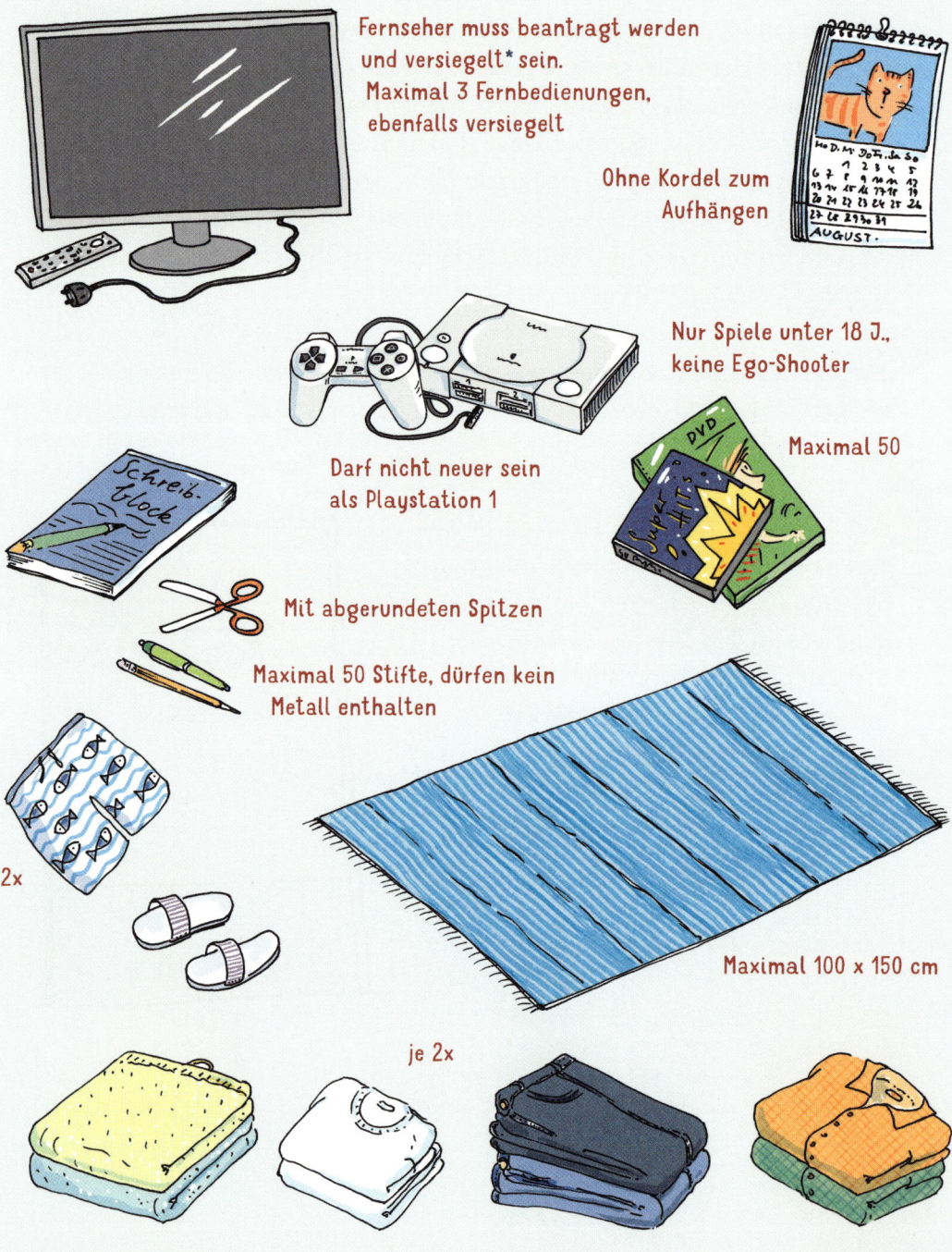

Fernseher muss beantragt werden und versiegelt* sein.
Maximal 3 Fernbedienungen, ebenfalls versiegelt

Ohne Kordel zum Aufhängen

Nur Spiele unter 18 J., keine Ego-Shooter

Maximal 50

Darf nicht neuer sein als Playstation 1

Mit abgerundeten Spitzen

Maximal 50 Stifte, dürfen kein Metall enthalten

2x

Maximal 100 x 150 cm

je 2x

Maximal 10

Maximal 40 Fotos, dürfen höchstens 15x18 cm groß sein

Maximal 10

Darf höchstens 20 cm hoch sein

Maximal 1000 Watt, muss versiegelt* sein

Nur als Roller, nicht als Spray

Muss versiegelt* sein

Nur aus Kunststoff

Maximal 3 Einwegfeuerzeuge, nicht nachfüllbar

* Versiegelung: Elektrogeräte werden untersucht und mit einer Plombe verschlossen, damit darin nichts ins Gefängnis geschmuggelt werden kann.

WAS DARF NICHT IN EINEN HAFTRAUM?

Darin könnte man kleine Dinge verstecken

Damit könnte man Bomben bauen

Damit könnte man Schlösser verkleben

Keine Spraydosen, keine Füllungen mit Alkohol

E-Zigarette

Keine scharfen Gewürze, denn die könnte man jemandem in die Augen streuen

Im ganzen Gefängnis ist Alkohol verboten. Manche versuchen aber selbst welchen herzustellen

GIN

Wein

FEINSTER LIKÖR

BIER

Könnte man zur Alkoholherstellung benutzen

HEFE

Damit könnte man sich oder jemand anderen strangulieren

Die Metallstreben könnten als Waffe benutzt werden

Brennstoffe sind verboten

SPIRITUS

Darin könnten Dinge versteckt sein

Die erste Zeit ohne Papa

Jetzt ist Papa schon zehn Tage lang weg. So lange habe ich ihn noch nie nicht gesehen. Und trotzdem dauert es noch so ewig lang, bis er wiederkommt. So lange kann ich gar nicht nach vorne denken. Wir müssen jetzt einfach das Beste draus machen, sagt Mama.
Das ist aber gar nicht so einfach.

Morgens und abends fehlt er mir am meisten. Morgens, weil Mama oft Frühdienst hat und dann war es immer Papa, der mir den Kakao gekocht hat und mein Pausenbrot gemacht und aufgepasst, dass ich auch wirklich richtig Zähne putze. Das muss ich jetzt alles alleine machen.
Das Pausenbrot nicht, das legt Mama abends schon in den Kühlschrank.

Abends fehlt er mir noch mehr. Da kam er immer nach der Schicht im Restaurant noch mal zu mir ins Zimmer. Wenn ich mal wieder im Schlaf mein Kuscheltier Ferkelchen aus dem Bett geschmissen habe, hat er es aufgehoben und mir in die Halskuhle gedrückt. Davon bin ich halb wach geworden und hab gemerkt, wie er mir einen Gutenachtkuss gibt. Dann hab ich geschnuppert, wie er riecht. Manchmal nach Pizza, manchmal nach Hähnchen, manchmal nach Rauch und nach Bier. Immer nach Papa.

Seit er weg ist, liegt Ferkelchen ganz oft auf dem Fußboden, wenn ich morgens wach werde.

Ein Brief an Papa

Einmal, als ich ganz traurig war, hab ich Papa einen Brief geschrieben.
Ich konnte ihn ja nicht im Gefängnis anrufen. Später können wir mit ihm
sprechen, hat Mama gesagt, nur eben jetzt noch nicht. Aber Papa war
ja noch nie der große Telefonierer. Also hab ich ihm geschrieben.

Hallo Papa!

Ich vermisse dich und Ferkelchen auch.
Ich finde das unfair, das man als Kind seinen Papa
weggenommen kriegt, nur weil der Papa was
Blödes gemacht hat. Ich kann doch gar nichts
dafür und werde trotzdem mit bestraft. Hier ist
alles wie immer und trotzdem ganz anders.
Der Kakao von Mama ist viel zu heiß.
Fritz sitzt jetzt immer auf deinem Kissen.

Jetzt fällt mir nichts mehr ein,
hab dich lieb deine Sina

PS: Wie sieht dein Zimmer aus?
Kannst du mal ein Foto schicken?

Da wusste ich noch nicht, dass man als Kind nie das Zimmer von seinem
Papa im Gefängnis sehen darf, noch nicht mal ein Foto. Zu Besuch ins
Zimmer darf man erst recht nicht. Was ist denn daran so gefährlich?
Ich weiß schon, dass das „Haftraum" heißt, aber ich sag trotzdem Zimmer.

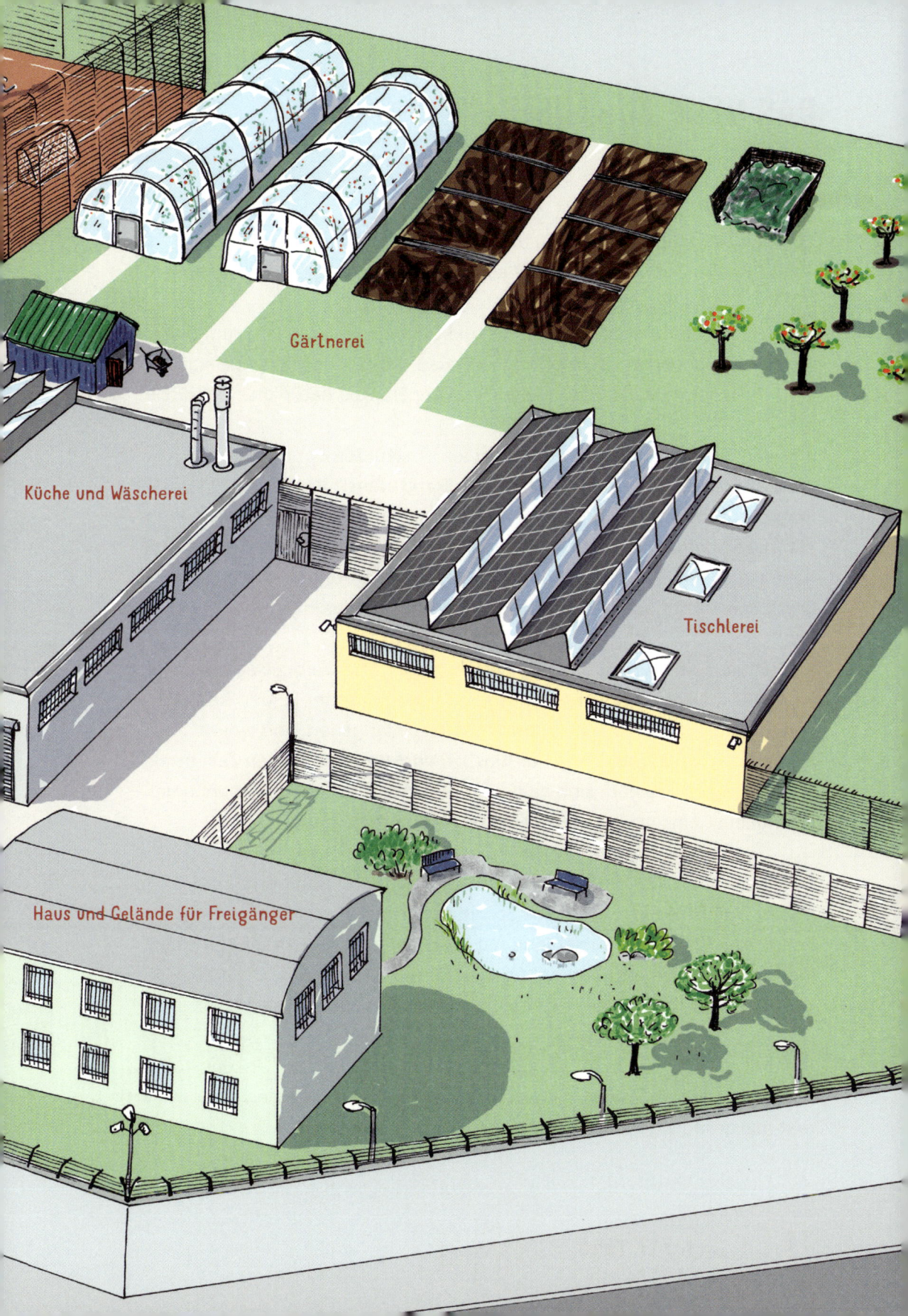

Gärtnerei

Küche und Wäscherei

Tischlerei

Haus und Gelände für Freigänger

DAS NEUE ZUHAUSE

Jedes Gefängnis ist von einer hohen Mauer oder einem Zaun umgeben. Innerhalb der Mauer gibt es mehrere Gebäude. Im Verwaltungsgebäude sind die Büros der Gefängnisleitung und der verschiedenen Abteilungen.
In den Werkstätten können die Gefangenen arbeiten, zum Beispiel in Schreinereien oder Schlossereien. Oft gibt es auch eine eigene Wäscherei für die Wäsche der Gefangenen. Und natürlich eine Küche.

In vielen Gefängnissen gibt es auch einen umzäunten Sportplatz mit Fußballtoren oder Basketballnetzen. Am Rand stehen Bänke.
Einmal am Tag dürfen die Gefangenen nämlich für etwa eine Stunde an die frische Luft. Diese Zeit am Tag heißt „Freistunde". Manche Gefängnisse haben auch eine Turnhalle, wo man Volleyball oder Fußball spielen kann. Diese Sport-Zeit findet extra statt und gehört nicht zur Freistunde.

Im Hafthaus wohnen die Gefangenen. Auf jeder Etage gibt es einen langen Flur mit schweren Gittertüren an jedem Ausgang. Hinter langen Reihen von Stahltüren liegen die Hafträume für die Gefangenen. Von einem Kontrollraum aus können die Vollzugsbediensteten den ganzen Zellentrakt überwachen. Außerdem sind da noch Gemeinschaftsduschen, manchmal eine kleine Gemeinschaftsküche und ein Aufenthaltsraum.

Der Haftraum selbst muss mindestens neun Quadratmeter groß sein. Das ist ziemlich klein. Vier große Schritte nach vorne und zwei große Schritte zur Seite. In Deutschland hat ein Gefangener Anspruch auf eine Einzelzelle. Oft gibt es aber nicht genug Einzelzellen für alle. Deshalb werden einige Gefangene in Gemeinschaftszellen untergebracht.

Robert hat einen Raum für sich alleine bekommen, worüber er sehr froh ist. Allerdings hat sein Vorgänger dort alles so dreckig hinterlassen, dass Robert erst mal gründlich putzen musste.

noch 717 Tage

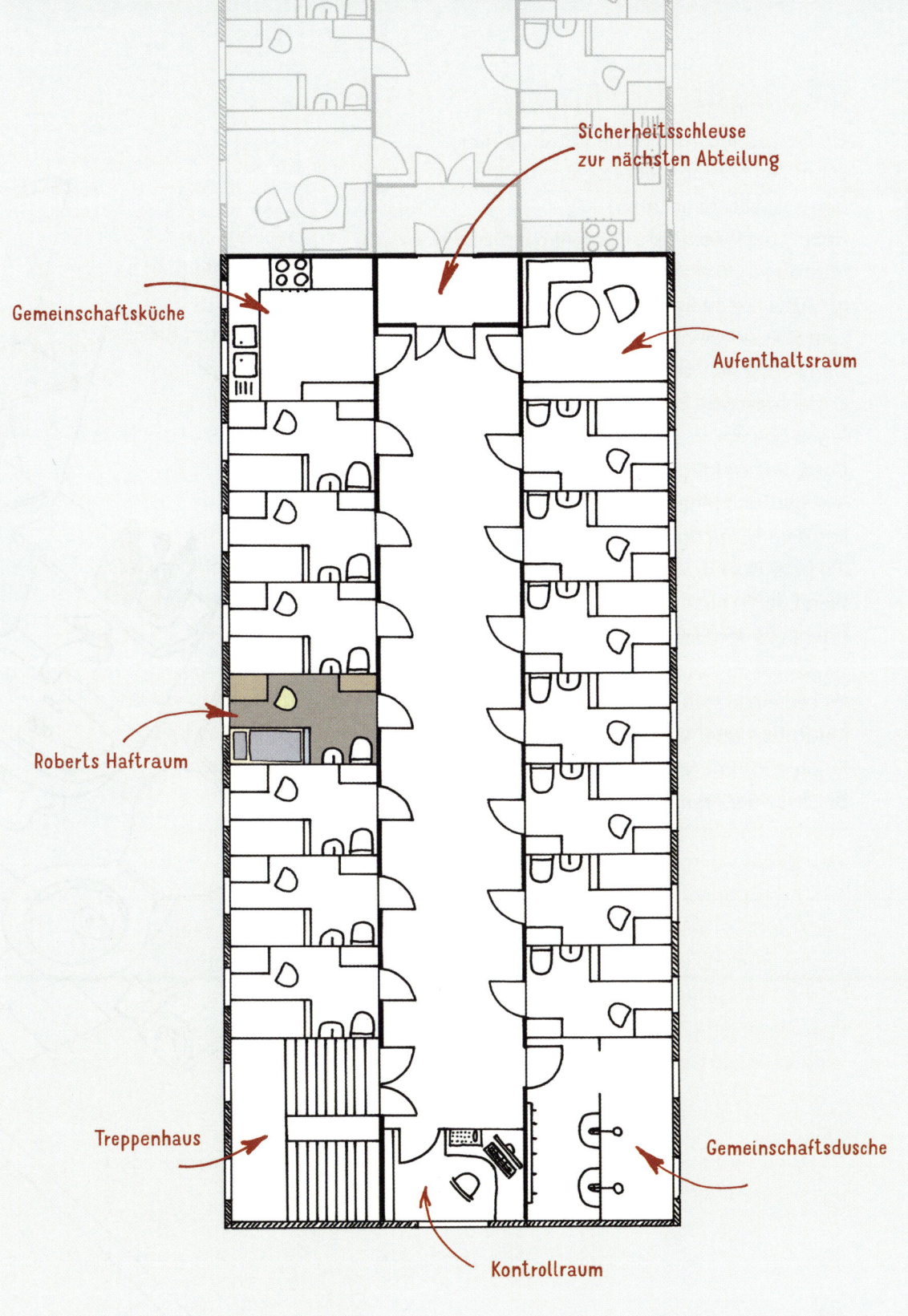

Sicherheitsschleuse
zur nächsten Abteilung

Gemeinschaftsküche

Aufenthaltsraum

Roberts Haftraum

Treppenhaus

Gemeinschaftsdusche

Kontrollraum

Im Haftraum gibt es nur das Nötigste:
ein Bett, einen Tisch, einen Stuhl, einen
schmalen Schrank, ein Regal, eine Toilette
und ein Waschbecken.
Robert durfte ein paar persönliche Sachen
mitbringen, um seine Zelle ein bisschen
gemütlicher zu machen. Er benutzt
zum Beispiel seine eigene Bettwäsche.
Den Fernseher, sein Radio und seine
Kaffeemaschine hat er erst nach ein paar
Tagen bekommen, die mussten erst noch
überprüft werden. Über seinem Bett hängt
das Bild, das Sina für ihn gemalt hat, und
Fotos von Sina und Janine. Im Regal stehen
ein paar Bücher, die er lesen möchte.
Wenn er die aushat, kann er sich weitere
Bücher in der Gefängnisbücherei ausleihen.

An seinem ersten Abend allein in der Zelle
hat Robert aber kein Buch gelesen.
Er lag auf seinem Bett und starrte die
Bilder seiner Familie an.

Emma weiß Bescheid

Die Emma ist meine allerbeste Freundin und sie weiß eigentlich alles über mich. Immer. Und was sie nicht weiß, das kriegt sie raus. Sie ist so was von stinkneugierig, sie will ja auch später mal Detektivin werden. Da konnte sie jetzt bei mir gut üben.

Erst wollte ich ihr nichts erzählen. Ich hab mich so geschämt. Sie hat natürlich sofort gemerkt, dass mit mir etwas nicht stimmt. „Was hast du denn?", hat sie dauernd gefragt. „Ist irgendwas?" Und ich hab immer „Nee!" gesagt, obwohl das ja gelogen war.

Irgendwann habe ich es nicht mehr ausgehalten. Ich habe mir gedacht: Wenn sie wirklich meine Freundin ist, dann bleibt sie das auch. Genau, wie mein Papa mein Papa bleibt. Auch wenn er im Gefängnis ist. Wenn Emma jetzt komisch zu mir ist, dann war sie sowieso nicht richtig meine Freundin.

Also hab ich mich neulich getraut. Sie war bei mir und wir haben mit den Schleich-Pferden gespielt und da hab ich es einfach zwischendurch erzählt, alles drauflos. Zuerst musste sie mir aber himmelhoch schwören, dass sie niemandem was weitersagt. Das war mir ganz, ganz wichtig. Sie hat es beim Leben ihres Meerschweinchens Theo geschworen.

Sie hat mich die ganze Zeit bewundernd angestarrt, vielleicht sogar fast ein bisschen neidisch. So aufregend fand sie es. Alles wollte sie ganz genau wissen, vor allem alles über Papas Verbrechen.
Emma würde am liebsten mitkommen ins Gefängnis, wenn ich Papa bald besuche, so spannend findet sie das alles. Sie hat alles aus mir rausgefragt. Das war aber gar nicht schlimm, nicht so wie bei Oma. Es war schön, mal alles zu erzählen. Auch wenn Emma mir ein bisschen zu neugierig ist – ich bin so froh, dass sie meine Freundin ist. Und bleibt.
Das hat sie mir versprochen.
„Jetzt erst recht!", hat sie gerufen. „Was denkst du denn von mir?!"

noch 714 Tage

Und sie hat noch gesagt, dass sie total stolz drauf ist, dass ich es ihr erzählt habe, und dass sie es mir auch erzählen würde, wenn mit ihrem Papa so was wäre. „Aber der ist ja so ein Angstschisser, der macht so was nie." Das klang fast ein bisschen enttäuscht.

Zusammen haben wir überlegt, was ich sagen könnte, falls die anderen in der Schule mal fragen, wo mein Papa ist. Emma hat ja immer gute Ideen. Jetzt auch. „Wir sagen, dass er auf einer Kreuzfahrt in der Karibik ist!", rief sie begeistert. „Als Koch auf der Aida. Das klingt doch super!" „Nein, wir sagen erst mal gar nichts!", sagte ich und lachte. Typisch Emma. Gleich macht sie eine coole Story draus. Aber die Vorstellung gefällt mir. Mein Papa in der Karibik. Schön wär's. Und dann haben wir weiter mit den Schleich-Pferden gespielt, bis Emma nach Hause musste.

Mein Mädchen,

danke für deinen Brief, ich habe mich so gefreut, als ich ihn bekommen habe. Ich vermisse dich auch, ich kann dir gar nicht sagen, wie sehr.

Ja, es stimmt, ich habe wirklich etwas sehr, sehr Blödes gemacht und es tut mir so leid, dass du dafür mitbestraft wirst. Ich muss ja jetzt für ziemlich lange Zeit hierbleiben, aber ich verspreche dir, dass ich zu euch zurückkommen werde.

Ihr müsst jetzt leider für mindestens zwei Jahre ohne mich zurechtkommen. Das schafft ihr, wenn du Mama immer hilfst, sie braucht dich jetzt wirklich. Ich weiß, dass du das kannst.

Hier war es bis jetzt vor allem langweilig. Ich hatte nichts zu tun und habe meistens den ganzen Tag rumgesessen und viel nachgedacht. Vor allem darüber, wie dumm das war, was ich gemacht habe. Wenn ich könnte, würde ich die Zeit zurückdrehen, um alles ungeschehen zu machen, aber das geht ja leider nicht.

Es gibt aber auch eine gute Nachricht: Ab morgen kann ich endlich arbeiten, und zwar in der Gefängnisküche. Darauf freue ich mich, dann hab ich endlich was zu tun.

Deinen Brief habe ich an die Wand über meinem Bett gehängt, neben das Bild, das du mir gemalt hast. So kann ich ihn abends, bevor ich einschlafe, immer angucken und an dich denken. Ich hoffe, du denkst auch ab und zu an mich.

Ein Foto von meiner Zelle darf ich dir leider nicht schicken, aber wenn du mich bald mit Mama besuchst, erzähl ich dir ganz genau, wie es bei mir aussieht.

Du musst aber nicht kommen, nur, wenn du willst. Ich würde auch verstehen, wenn du lieber nicht ins Gefängnis kommen willst.

Grüß Ferkelchen von mir und sag ihm, es soll aufpassen, dass es nachts nicht aus dem Bett rausplumpst.

Ich vermisse dich.

Dein Papa

PS: Wenn dir der Kakao zu heiß ist, gib einfach einen Schluck kalte Milch dazu.

DIE ERSTEN TAGE

Die ersten Tage im Gefängnis sind schwer. Auch für Robert. Er ist eingesperrt. Er muss sich an eine völlig neue Umgebung mit den unterschiedlichsten Menschen gewöhnen. Andere bestimmen, was er tut und wann er es tut. Die meiste Zeit verbringt er allein in seiner Zelle.

Während der Haft sollen die Gefangenen lernen, wie sie nach ihrer Gefängniszeit ein normales Leben führen können – ohne wieder etwas Schlimmes zu tun. Um herauszufinden, wie das am besten geht, hat Robert an den ersten Tagen viele Gesprächstermine. Mit Herrn Adler von seiner Station, mit der Sozialarbeiterin Frau Gündogan und der Psychologin Frau Demme. Sie reden über den Tankstellenüberfall und seine Spielsucht, und sie versuchen herauszufinden, warum es überhaupt so weit kam. Sie reden darüber, was man tun kann, damit das nicht wieder passiert. Sie sprechen auch über seine Familie und seine Zukunftspläne. Bei diesen Gesprächen ist auch manchmal die Vollzugsabteilungsleiterin Frau Werner dabei, also die Chefin von Herrn Adler.

Danach erstellen sie alle zusammen einen Vollzugsplan. Das ist eine Art Fahrplan für die Zeit im Gefängnis. Auch Robert selbst arbeitet daran mit. In dem Plan wird aufgeschrieben, wie er seine Haftzeit am besten verbringt. Ob es wichtig ist, weiter über seine Tat zu reden, und ob er Verantwortung dafür übernehmen will.

Manche Gefangene haben keinen Schulabschluss oder keine Berufsaus-bildung. Das können sie in ihrer Haftzeit nachholen. Bei Robert ist das nicht nötig, er ist ja Koch von Beruf und würde deshalb gerne in der Gefängnisküche arbeiten.

In den meisten Gefängnissen in Deutschland sollen Gefangene arbeiten, aber es gibt nicht genug Arbeitsplätze für alle. Eigentlich könnte man denken, dass die Gefangenen froh sind, wenn sie nicht arbeiten müssen.

Aber das Gegenteil ist der Fall. Die meisten sind froh, wenn sie etwas zu tun haben. Dann geht die Zeit schneller rum.

Es gibt je nach Gefängnis verschiedene Arbeitsmöglichkeiten:

Verpacken von Sachen (z.B. Schrauben)

Wäscherei

Bücherei

Hausreinigung

Schlosserei

Tischlerarbeit

Renovierungsarbeiten

Druckerei

Küche

Pflege der Außenanlagen, Gartenarbeit

Robert ist erleichtert: Die Arbeit in der Gefängnisküche wurde genehmigt. Dann wird hoffentlich die Zeit schneller vergehen. Und vor allem muss er nicht mehr so lange allein in seiner Zelle sitzen.

Die Arbeit im Gefängnis wird natürlich auch bezahlt. Etwa zwei bis drei Euro in der Stunde kann man verdienen. Robert bekommt aber kein Bargeld. Das ist in fast allen Gefängnissen verboten, damit die Gefangenen nicht untereinander handeln können.

Ein Teil des Geldes wird auf einem Extrakonto angelegt und bei der Entlassung ausgezahlt. Zwischen 50 und 150 Euro kommen pro Monat auf Roberts Hausgeldkonto und er kann es im Gefängnis ausgeben, zum Beispiel für seine Einkäufe beim Gefängniskaufmann.

Robert kann jetzt auch seine Familie zu Hause anrufen. Sein Handy durfte er zwar nicht mitnehmen, aber in jedem Zellentrakt gibt es ein Karten- telefon. Die Telefonkarten kann er sich von seinem Hausgeld kaufen. Er darf aber nur ganz bestimmte Nummern anrufen.

Das Telefonieren mit Sina und seiner Frau hat ihm gutgetan, ihn aber gleichzeitig traurig gemacht. Er vermisst die beiden. Bald werden sie ihn zum ersten Mal im Gefängnis besuchen. Er freut sich darauf. Ein bisschen Angst davor hat er aber auch.

Wie das Leben so geht ohne Papa

Eigentlich geht das Leben ohne Papa so ähnlich weiter wie vorher. Jedenfalls in der Woche. Schule, Emma, Ballett, Kater Fritz, Mama und ich. Manchmal kommt Oma. An den normalen Tagen vergesse ich sogar manchmal, dass Papa im Gefängnis ist. Aber dann fällt es mir doch wieder ein. Am blödesten sind die Wochenenden, weil man da viel mehr merkt, wie sehr er weg ist. Dann tut mir das Vermissen richtig weh im Bauch und man kann nichts dagegen tun. Mama versucht dann, mit mir was Schönes zu machen, und schlägt irgendwas vor, aber ich habe ganz oft keine Lust. Mama ist ja selber auch traurig und hat Stress. Das merke ich doch.

Wir kriegen in letzter Zeit immer mal Besuch von Frau Göttler. Die ist Sozialarbeiterin und redet viel mit Mama und mir über unser Leben, wie es jetzt ohne Papa ist. Ich mag sie nicht so gerne. Sie ist so künstlich nett und will immer so viel wissen, auch über meine Gefühle. Das will ich der nicht alles erzählen. Mit Mama redet sie noch mehr, und manchmal muss Mama dabei weinen. Trotzdem ist es wohl nötig, dass die Frau Göttler sich um uns kümmert. Wegen Mamas ganzen Problemen.

Mama muss nämlich viel mehr arbeiten. Es fehlt ja das Geld von Papas Arbeit. Es reicht hinten und vorne nicht, obwohl Mama jetzt so viel arbeitet, dass sie abends immer ganz müde ist. Das bespricht sie alles mit der Göttler und muss Anträge ausfüllen, damit wir vom Amt noch Geld dazukriegen. Nachmittags bin ich jetzt viel öfter alleine zu Hause. Manchmal versuche ich ein bisschen mehr im Haushalt zu machen, damit Mama sich freut. Einmal hab ich sogar Abendessen gekocht: Nudeln mit roter Soße. Sie hat sich auch gefreut, so gut sie konnte. So richtig, richtig froh sein kann sie aber nicht. Genau wie ich. Wenn ich alleine zu Hause bin, liege ich oft nur auf dem Bett rum und gucke auf meinem Handy „Germanys next Topmodel", obwohl ich das eigentlich nicht darf.

noch 703 Tage

Wenn die Göttler kommt, verziehe ich mich immer schnell. Ich sag dann, dass ich Hausaufgaben machen muss. Das finden Frau Göttler und Mama gut. Dabei mache ich gar keine Hausaufgaben. Nur ein bisschen, damit Mama beruhigt ist. Sie hat ja keine Zeit mehr, alles genau zu kontrollieren wie früher. Ich hab überhaupt keine Lust mehr, meine Aufgaben zu machen. Irgendwann kommt das bestimmt raus.

Papa ist jetzt schon fast vier Wochen weg und bald besuchen wir ihn zum ersten Mal. Mama hat gesagt, ich muss nicht mit, wenn ich nicht will, aber ich will natürlich! Ich will doch meinen Papa treffen!

Ich weiß schon, was ich ihm mitbringe: Er kriegt Ferkelchen, damit er in seinem Gefängnisbett nicht so alleine ist. Bei mir plumpst es ja sowieso immer raus.

BESUCH IM GEFÄNGNIS

Wer eine Gefängnisstrafe absitzt, darf von seinen Verwandten und Freunden besucht werden. Und zwar mindestens eine Stunde im Monat. In manchen Gefängnissen auch mehr; es kommt darauf an, wo das Gefängnis ist. Natürlich dürfen auch Kinder mitkommen, um ihren Vater oder ihre Mutter zu sehen.

Einfach hingehen geht aber nicht. Sinas Mutter musste zuerst eine Genehmigung im Gefängnis beantragen und dann einen festen Termin ausmachen. Zum Besuchstermin muss sie ihre Ausweise mitbringen und die beiden müssen eine halbe Stunde vorher da sein.

Bevor sie Robert treffen, müssen sie bei Frau Blässe an der Pforte alles abgeben, was nicht mit ins Gefängnis darf. Tiere dürfen nicht hinein. Handys und MP3-Player, Essen, Getränke und Geschenke müssen draußen bleiben und werden in einem Schließfach verstaut. Dann müssen die beiden durch einen Metalldetektor gehen. Es dürfen keine Gegenstände aus Metall oder kleine Behälter, in denen was versteckt werden könnte, mit ins Gefängnis.
Die beiden können etwas Münzgeld mit in den Besucherraum nehmen. Das dürfen sie zwar Robert nicht geben, aber sie können damit Getränke oder Süßkram aus den Automaten kaufen, die in den Besucherräumen stehen.

Damit Sinas Kuscheltier Ferkelchen zu Robert darf, musste Sinas Mama bei der Gefängnisleitung einen Antrag stellen. Der Antrag wurde genehmigt. Sina darf ihrem Papa Ferkelchen aber nicht selbst geben.
Robert bekommt es erst später.

noch 688 Tage

Endlich kommt Frau Jaro und bringt die beiden in den Besucherraum.
Der ist nicht im Hafthaus, wo die Zellen sind. Dort dürfen nämlich keine
Besucher rein. Der Besucherraum ist ein ganz normales großes Zimmer,
in dem mehrere Tische mit Stühlen stehen. Außerdem gibt es Automaten
mit Getränken und Süßigkeiten. Und natürlich ist immer ein Bediensteter
dort und passt auf. Ein Tisch ist schon besetzt mit einem Gefangenen
und seiner Besucherin. An einem anderen Tisch sitzt Robert und wartet.

Eine Stunde haben die drei jetzt Zeit füreinander. Dann kommt Frau Jaro
und sagt, dass die Besuchszeit für heute vorbei ist. Sie verabschieden sich
voneinander. Frau Jaro bringt Sina und ihre Mama zurück zum Ausgang.
Dort holen sie ihre Sachen aus dem Schließfach und gehen nach draußen.

Robert wird zurück in seine Zelle gebracht. Vorher muss er aber noch durch
den Metallrahmen gehen und wird sehr genau kontrolliert.
Die Beamten wollen sicher sein, dass seine Besucher ihm nichts Verbotenes
zugesteckt haben.
Später am Abend kommt Herr Adler in seine Zelle. Er bringt Robert Sinas
Stofftier. Ferkelchen wurde genau kontrolliert und darf jetzt bei Robert
in der Zelle bleiben.

Besuch bei Papa

Heute war ich zum ersten Mal im Gefängnis zu Besuch. Es war komisch, aber eigentlich ganz o.k. Das Beste war, Papa zu sehen und ein bisschen mit ihm rumzukuddeln. Von Anfang an ging das aber nicht, da war ich zu verlegen. Und er auch.

Beim Reingehen in das Gefängnis hatte ich ein blödes Gefühl im Bauch, fast, als müsste ich jetzt selber gefangen sein. Überall hohe Mauern und Stacheldraht und verschlossene Türen und klirrende Schlüssel. Nirgendwo darf man einfach so durchgehen. Am Anfang mussten wir durch einen Metalldetektor. Dann kam eine richtig nette Frau in einer dunklen Uniform, die hat sich um uns gekümmert und war überall dabei. „Jaro" stand auf ihrer Jacke gestickt.

Die Frau Jaro hat gleich mit mir Witze gemacht, als ich durch den Detektor ging. Sie fand es gar nicht albern, dass ich Papa Ferkelchen mitbringen wollte. Leider durfte ich Ferkelchen nicht direkt zu Papa mitnehmen, es muss auch erst noch durchleuchtet und untersucht werden, das hat mir Frau Jaro alles erklärt. Sie war auch nicht sauer, dass ich noch mal aufs Klo musste. Bestimmt hat sie gemerkt, wie aufgeregt ich war.
„Alles prima, Sina?", fragte sie, als ich rauskam.
„Alles klaro, Frau Jaro!", hab ich geantwortet, und sie hat so nett gelacht. Wenn man mit jemandem lachen kann, ist das Schlüsselgeklapper gleich nicht mehr so schlimm.

Der Besucherraum ist ein bisschen wie ein kleines Café, nur ohne Theke, ohne Bedienung und nicht so gemütlich. Als wir reinkamen, schien die Sonne so hell durch die Gardinen, dass man die Gitter an den Fenstern fast nicht sah.

Es war noch eine Frau da, die mit einem Mann an einem Tisch in der Ecke saß. Und in der anderen Ecke saß Papa! Er hat fast geweint, so sehr hat er sich gefreut. Zuerst waren wir alle ein bisschen schüchtern, aber dann ging es.

noch 688 Tage

Wir haben draufl0serzählt, als wären wir woanders. Als säße nicht die ganze
Zeit ein Mann in Uniform am Rand dabei. Der hat sowieso fast
nie zu uns hingeguckt.

Plötzlich kam Frau Jaro wieder rein, die Zeit war schon vorbei!
Zum Abschied war dann wieder dieser Kloß im Hals, bei uns allen, glaube
ich. Aber dann fiel mir Ferkelchen ein und ich sagte: „Heute Abend kriegt
mein Papa noch eine Überraschung, oder, Frau Jaro?"
Die nickte. „Müsste klappen mit heute Abend."
Papa war natürlich neugierig, aber ich habe nichts verraten.
Ich weiß nur, dass er sich bestimmt unheimlich freut. Hoffentlich.

Am Ausgang kam uns eine Frau mit einem dunkelhaarigen Jungen entgegen.
Die haben wohl auch einen Papa besucht. Der Junge sah nett aus, ein
bisschen wie Nico aus meiner Klasse. Woanders hätte ich nie gedacht,
dass die was mit dem Gefängnis zu tun haben, so normal sahen die aus.
Genau wie Mama und ich. Uns sieht man ja auch nicht an, dass wir einen
Papa im Gefängnis haben. Und die meisten wissen es auch nicht.

Auf der Heimfahrt bin ich traurig geworden und musste weinen.
Jetzt, wo ich ihn getroffen habe, vermisse ich ihn noch schlimmer als vorher.
Ich will so sehr, dass er wieder zu Hause ist und dass alles wieder normal ist.
Aber das geht ja nicht.

Wir sind zum Trost Eis essen gegangen, einfach so.
Spaghetti-Eis für mich und den großen Heidelbeerbecher
für Mama. Können wir uns eigentlich nicht mehr leisten,
aber musste sein.
Das kann Papa im Gefängnis nicht machen: mal eben
zum Trost Eis essen gehen. Wenigstens hat er jetzt
Ferkelchen bei sich.

Emma hatte natürlich tausend Fragen, wenn ich ihr schon keine Fotos
zeigen konnte.
Nein, Papa hatte keine gestreiften Sträflingssachen an. Sondern ganz
normale Klamotten: Jeans und ein Hemd mit T-Shirt drunter. Nicht von
zu Hause, sondern vom Gefängnis. Stand ihm aber ganz gut.
Nein, ich habe keinen Mörder gesehen. Der andere Mann im Besucherzimmer war bestimmt keiner. Der sah total normal aus. Außer ihm und
Papa habe ich keinen einzigen Gefangenen gesehen.
Nein, ich durfte nicht mit in Papas Zelle. Wir durften nur ins Besucherzimmer, von allem anderen habe ich nichts gesehen.
Nein, Papa kriegt nicht nur Wasser und trockenes Brot. Im Gefängnis
gibt es normales Essen. Papa hat aber gemeckert, weil es nicht schmeckt.
Seinen guten Spezialkaffee vermisst er auch. Wenn man eingesperrt ist,
ist Essen echt wichtig! Für Papa sowieso. Wo er doch so ein guter Koch ist.

Auf viele Fragen von Emma wusste ich keine Antwort. Ich wüsste das
genauso gerne wie sie, aber als ich dort war, habe ich überhaupt nicht
daran gedacht. Mache ich beim nächsten Mal. Wir werden ja wohl noch
öfter hingehen, leider.

DAS LEBEN IM GEFÄNGNIS

Robert hat jetzt die ersten Monate seiner Haftstrafe hinter sich.
Es fiel ihm schwer, sich an das unfreie Leben hinter Gittern zu
gewöhnen. Fast nichts mehr kann er selbst bestimmen.
Der Tagesablauf ist bis ins Kleinste geregelt und vorgeschrieben.

Um 6:20 wird er von einem Vollzugsbediensteten geweckt. Das nennt man
„Lebendkontrolle". Herr Adler schließt die Zellen auf und guckt nach, ob alle
Gefangenen noch leben.
Robert frühstückt in seiner Zelle. Das Frühstück hat er schon am Tag vorher
zusammen mit dem Abendessen bekommen. Er macht sich einen Kaffee
und isst eine Scheibe Brot mit Margarine und Nussnougatcreme.
Um 7:15 wird er zusammen mit den anderen Gefangenen zu seinem
Arbeitsplatz in die Gefängnisküche gebracht.

Jeden Mittag müssen mehrere hundert Essen für die Gefangenen zubereitet
werden. Die fertigen Mahlzeiten werden auf große Essenswagen geladen
und von den Küchenarbeitern auf die Zellentrakte gebracht.
Gegen 11:30 kommen die Gefangenen mit ihren Tellern zur Essensausgabe
und holen sich ihre Mahlzeit ab. Gegessen wird im Haftraum.

JVA SPEISEPLAN

30. Kalenderwoche 2015

Montag:

Frühstück: Tee, Brot, Margarine, Nußpli
Mittagessen: Nudeln mit Hackfleischsauce, Obst
Abendessen: Tee, Brot, Margarine, Schinken

Dienstag:

Frühstück: Tee, Brot, Margarine, Nußpli
Mittagessen: Möhreneintopf, falsches Kotelett, Obst
Mittagessen: Tee, Brot, Margarine, Putenleberwurst

Mittwoch:

Frühstück: Tee, Brot, Margarine, Nußpli
Mittagessen: Spiegeleier, Kartoffelpüree, Spinat, Obst
Abendessen: Tee, Brot, Margarine, Salami

Donnerstag:

Frühstück: Tee, Brot, Margarine, Jagdwurst
Mittagessen: gefüllte Paprika, Reis, Salat
Abendessen: Tee, Brot, Margarine, Quark mit Brombeeren

Freitag:

Frühstück: Tee, Brot, Margarine, Nußpli
Mittagessen: Bratfisch, Kartoffeln, Weißkohlsalat
Abendessen: Tee, Brot, Margarine, Hering in Dosen

Samstag:

Frühstück: Kakao, Brot, Margarine, Edamer
Mittagessen: Erbsensuppe, Bockwurst, Joghurt, Obst
Abendessen: Tee, Brot, Margarine, Dosenwurst

Sonntag:

Frühstück: Tee, Brot, Margarine, Kräuterquark
Mittagessen: Schweinebraten, Kartoffeln, Erbsen, Obstjoghurt
Abendessen: Tee, Brot, Margarine, Camembert

Typischer Speiseplan im Gefängnis

Danach bereitet die Küchenmannschaft das Abendessen und das Frühstück für den kommenden Tag vor. Wenn das erledigt ist, wird das ganze Kochgeschirr gespült und die Küche wieder sauber gemacht.

Nach der Arbeit geht es zurück in die Zelle. Wer nicht arbeitet, verbringt die meiste Zeit des Tages eingeschlossen.

Um 16 Uhr beginnt die Freistunde. Die Gefangenen dürfen jetzt für ein bis zwei Stunden raus auf den Gefängnishof. Der ist auch umzäunt. Oft gibt es einen Sportplatz mit Basketballnetzen und Fußballtoren. Viele Gefangene machen während des Hofgangs Sport, andere spazieren langsam allein oder in kleinen Grüppchen um den Platz herum. Manche sitzen einfach auf den Bänken und unterhalten sich.

Robert verbringt die Freistunde oft mit Fred. Fred ist schon länger im Gefängnis und kennt sich deshalb ganz gut aus. Er kann Robert Tipps geben, wie er sich am besten verhält.

Nach der Freistunde geht Robert meistens erst mal duschen. Auf jedem Flur gibt es eine Gemeinschaftsdusche, die sieht so ähnlich aus wie in einem Schwimmbad.

Einmal pro Woche hat Robert einen Termin mit der Psychologin Frau Demme oder Frau Gündogan, der Sozialarbeiterin. Da wird über den Überfall geredet und wie es dazu kam. Und über Roberts Zukunft, seine Schulden und die Frage, wie er seine Spielsucht in den Griff kriegen kann, wenn er aus der Haft entlassen wird.
Manchmal ruft er vom Kartentelefon auf der Station zu Hause an und spricht kurz mit Janine und Sina. Das kostet viel Geld, und oft geht es ihm nicht gut nach diesen Gesprächen, weil er mitbekommt, wie schwer seine Frau es jetzt hat. Er macht sich dann immer wieder Vorwürfe und leidet darunter, dass er seine Familie überhaupt nicht unterstützen kann.

Um 17:30 werden das Frühstück für den nächsten Tag und das Abendessen ausgegeben. Gegessen wird fast immer allein in der Zelle.

Einmal im Monat kommt ein Händler
ins Gefängnis: der Gefängnis-Kaufmann.
Er liefert die Sachen ab, die die
Gefangenen bei ihm bestellt haben.
Das geht so:
Auf einer langen Liste steht alles drauf,
was gekauft werden darf. Kaffee und
Tabak, Shampoo und Seife, aber auch
normale Lebensmittel wie Wurst,
Käse, Schokolade oder Nudeln.
Alkohol gibt es natürlich nicht.
Robert schreibt auf, was er gerne
hätte, und der Kaufmann liefert
die Sachen ins Gefängnis.
Bezahlt wird nicht bar, sondern
vom Haftkonto.

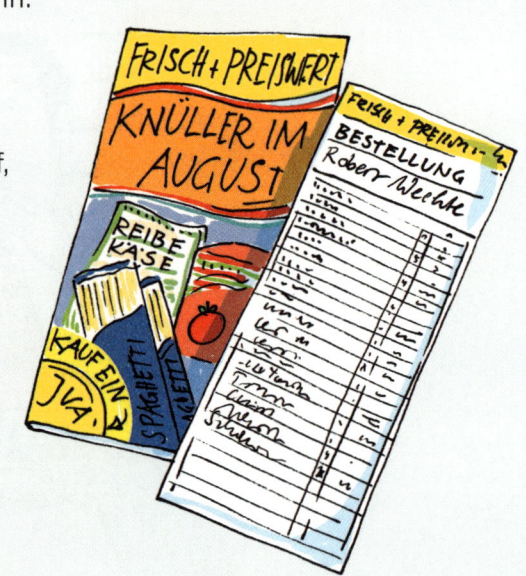

Robert hat Glück, weil er eine Arbeit hat und etwas Geld verdient. Gefangene ohne Job können oft nur etwas Tabak und Kaffee kaufen, für mehr reicht es nicht. Trotzdem: Wenn der Kaufmann seine Waren liefert, ist das immer ein kleiner Festtag für die Gefangenen.

Um 19:30 ist wieder Einschluss. Der Haftraum wird abgeschlossen und Robert ist bis zum Wecken am nächsten Morgen eingesperrt. Meistens liest er, bis ihm die Augen zufallen. Oder er hört Radio oder sieht fern. Heute tut er nichts davon. Er sitzt an seinem kleinen Tisch und schreibt einen Brief an seine Tochter Sina.

Mein Mädchen,

ich hab mich so darüber gefreut, dass du mich zusammen mit Mama hier besucht hast. Ich weiß, das war nicht einfach für dich, aber ich fand's schön und ich hoffe, du auch. Frau Jaro vom Besuchsdienst war ganz begeistert von dir. Na klar, ich auch! Und ich hab mich sooo gefreut, als mir der Herr Adler (das ist ein wirklich netter Wärter hier) Ferkelchen gebracht hat. Das ist sehr lieb von dir, dass du es mir ausleihst. Ich verspreche, es kommt zusammen mit mir wohlbehalten zu dir zurück.

Die Zeit hier geht sehr langsam vorbei. Seit ich in der Küche arbeiten kann, ist es ein bisschen besser. Herr Müller, mein Küchenchef, ist sehr froh, dass er jetzt einen Mitarbeiter vom Fach hat. Das ist zwar ein ganz anderes Kochen als im Milano, aber trotzdem macht es mir Spaß.

Stell dir vor, was vorgestern passiert ist: In der Küche arbeiten ja viele Gefangene und wir müssen natürlich auch Messer benutzen. Die sind aber ganz genau abgezählt und werden nach der Arbeit kontrolliert und weggesperrt. Vorgestern fehlte nach der Schicht ein kleines Küchenmesser. Da war was los. Alle mussten in der Küche warten, es darf ja keiner ein Messer mit in die Zelle nehmen. Dann kamen die Beamten vom Sicherheitsdienst und haben alles ganz genau durchsucht. Keiner hatte das Messer bei sich. Dann wurde die komplette riesige Küche auf den Kopf gestellt und endlich tauchte das Messer auf. Zwischen den Kartoffelschalen im Abfall. Ob das jemand absichtlich gemacht hat, um es später irgendwie wieder da rauszukramen? Keine Ahnung.

Ich habe mich hier mit einem anderen Gefangenen, Fred heißt er, ein bisschen angefreundet. Das ist eigentlich ein netter Typ. Er hat einen Sohn in deinem Alter, den Mirko. Gestern haben wir zusammen mit ein paar anderen in der Gemeinschaftsküche gekocht. Das konnten wir machen, weil mittags die Einkäufe für die Gefangenen gebracht wurden. Wir haben Sachen für eine Lasagne gekauft und sie gemeinsam zubereitet und gegessen. Das war mal eine schöne Abwechslung hier.

Bald kommt ja Weihnachten. Da gibt es hier irgendwann im Advent in der Sporthalle ein Weihnachtsfest für die Häftlinge und ihre Familien. Wir backen vorher in der Küche Stollen und Plätzchen und wenn alles klappt, darf ich auch deine Lieblingsvanillekipferl backen, Herr Müller aus der Küche hat jedenfalls nichts dagegen. Es ist natürlich nicht wie Weihnachten zu Hause, aber immerhin. Ich würde mich so freuen, wenn ihr kommt. Fred geht es da schlechter als mir. Er hat seinen Mirko seit anderthalb Jahren nicht gesehen. Die Mutter will das wohl nicht.

Jetzt mach ich mal Schluss, ich geh gleich schlafen. Ferkelchen wartet schon auf dem Bett. Gute Nacht, mein Mädchen, gib deiner Mama einen Kuss von mir und sei weiter so tapfer!

Bis bald, dein Papa

Das Weihnachtsfest bei Papa

Eigentlich hatten Mama und ich Angst vor Weihnachten und gar keine Lust. Aber dann wurde es doch noch ganz schön. Das lag an Papas Weihnachtsfeier im Gefängnis. Die hat gemacht, dass wir hinterher durch das echte Weihnachten einfach nur so durchgerutscht sind und irgendwie wegen Papa nicht mehr so traurig sein mussten. Denn mit ihm hatten wir ja auch gefeiert.

Natürlich nicht wie zu Hause, überhaupt nicht. Frau Gündogan, das ist Papas Sozialarbeiterin im Gefängnis, hat uns eingeladen, und Papa hatte ja auch schon darüber geschrieben. Eigentlich sollte es um drei Uhr nachmittags losgehen, aber wir mussten eine ganze Stunde vorher da sein. Für Mama war das stressig, wegen ihrer Schicht bei Lidl.
Aber sie hat es hingekriegt.

Wir waren pünktlich da und mussten ewig warten. War ja klar, warum: Die ganzen Familien von den Gefangenen mussten alle durchgecheckt werden, fast hundert Leute! Ziemlich viele fremde Kinder waren da, ein paar davon noch ganz klein. Auf einmal sah ich in der Schlange vor dem Metalldings Karlotta aus der 4b. Mir blieb fast das Herz stehen. Erst hab ich mich hinter Mama versteckt, aber dann hab ich mich gerade hingestellt, und als sie guckte, hab ich ein bisschen gewunken, nur so leicht mit einer Hand, und sie hat zurückgewunken. Da bin ich also nicht alleine in der Schule mit meinem Schicksal. Wenn ich das Emma erzähle!, dachte ich sofort. Aber vielleicht will Karlotta das ja gar nicht, dachte ich als Nächstes. Wer weiß, wem sie es nun erzählt, dachte ich als Übernächstes.

Nach der ganzen Kontrolliererei ging es mit allen zusammen über den Hof zur Sporthalle. Da spielt Papa sonst immer Volleyball. Jetzt kamen wir, begleitet von mindestens 10 Polizisten und Polizistinnen oder wie die Wärter da im Gefängnis heißen. Drinnen in der Sporthalle waren noch mehr Leute in Uniform. Das sind Vollzugsbedienstete, erklärte mir Frau Gündogan.

Diese Vollzugsleute waren alle gut drauf und echt nett.

Ich finde die Uniformen schön. Wenn es nicht oft so eine traurige Arbeit wäre (weiß ich von Papa), könnte ich mir vorstellen, dass ich später mal so was mache. Oder Polizistin, das ist ja so ähnlich.

Drinnen war ein bisschen Weihnachtsdeko, aber man sah noch sehr gut, dass es eigentlich die Sporthalle war. Überall waren Bänke und Tische, am Rand standen Tische mit Weihnachtsplätzchen und Kaffeekannen. Kakao gab's auch. Und an einem Tisch saß Papa und hatte uns schon Plätze freigehalten. Ich bin sofort auf ihn zugelaufen und wollte erst mal auf seinen Schoß. Obwohl ich schon viel zu groß dafür bin. Am Rand standen all die Vollzugsleute zusammen und redeten und lachten und gingen immer wieder zu den Plätzchentellern.

Aus den Lautsprechern kam Musik und der Gefängnisdirektor hat eine Rede gehalten und danach hat der Chor der Gefangenen noch ein paar schöne Weihnachtslieder gesungen. Danach war kein Programm mehr, und das war auch nicht nötig. In einer Spielecke gab es eine Hüpfburg für die Kleinen, die konnten da toben und schreien. Ich hab uns erst mal mit Plätzchen versorgt. Papas Vanillekipferl waren da schon fast alle, kein Wunder, das sind ja auch die besten der Welt.

Papa hat uns leise ein bisschen erzählt, wen er so alles kennt von den Männern, die mit ihren Familien um uns herum saßen. Sein Freund Fred war nicht da. Der wäre sonst zu traurig geworden, weil sein Mirko nicht dabei sein durfte. Der arme Fred. Aber auch der arme Mirko.

Das Beste an der Weihnachtsfeier war, dass wir wie eine normale Familie waren und fast vergessen konnten, dass wir im Gefängnis waren.
Fast so, als wären wir irgendwo auf einem Weihnachtsmarkt, zwischen lauter anderen normalen Menschen.

Später im Bus hab ich zu Mama gesagt: „Jetzt kann Weihnachten kommen."
Und sie fand das auch.
Weihnachten war dann auch wirklich ganz o.k. Wir waren aber trotzdem froh, als es vorbei war.

Um Karlotta habe ich mich nicht mehr gekümmert. Der Emma hab ich nichts davon gesagt, und als ich mal zufällig zusammen mit Karlotta nach der Pause ins Schulgebäude ging, haben wir uns nur kurz angelächelt.
Ich glaube, wir beide erzählen es niemandem.

PROBLEME IM GEFÄNGNIS

Das Leben im Gefängnis ist nicht schön. Es ist ein Ort, an dem
Menschen eingesperrt werden, die schlimme Dinge getan haben.
Diebe, Betrüger, Räuber, Schläger und Mörder. Viele von ihnen sind
drogenabhängig. Viele haben Probleme, sich ganz normal mit ihren
Mitmenschen auseinanderzusetzen. Bei Streit werden sie schnell
gewalttätig. Obwohl der Alltag bis ins Kleinste geregelt ist und die
Bediensteten alles Mögliche tun, um die Gefangenen unter Kontrolle
zu halten, gelingt das nicht immer.

In fast allen Gefängnissen gibt es Banden, die unter den Gefangenen
das Sagen haben. Typen, die schon öfter im Gefängnis waren und die
es gewohnt sind, ihre Interessen auch mit Gewalt durchzusetzen.
Mit ihnen legt man sich besser nicht an. Sie organisieren zum Beispiel
den Drogenhandel hinter Gittern. Zwar sind Alkohol und andere
Drogen im Gefängnis streng verboten, trotzdem können Abhängige
im Gefängnis Drogen kaufen. Die werden auf verschiedensten Wegen
ins Gefängnis geschmuggelt oder in kleinen Päckchen über die
Gefängnismauer geworfen.

Die Drogen sind allerdings viel teurer als draußen. Bezahlt wird mit Kaffee
oder Tabak oder anderen Sachen, die man beim Kaufmann bekommen
kann. Oder mit Schuldscheinen. Viele Gefangene verschulden sich bei den
Drogenhändlern und müssen nach ihrer Haft ihre Schulden abbezahlen.

Immer wieder gibt es Streit und Gewalt. Schon Kleinigkeiten können zu Schlägereien führen. Diebstähle und Erpressungen gehören zum Gefängnisalltag. Robert versucht sich aus alldem so gut es geht herauszuhalten und keine Fehler zu machen. Dank Freds Hilfe gelingt ihm das einigermaßen.

Fred hat ein anderes Problem. Seine Frau möchte nichts mehr mit ihm zu tun haben. Und sie will auch nicht, dass er Kontakt zu seinem Sohn hat. Deshalb bekommt Fred fast nie Besuch.
Vielen Gefangenen geht es ähnlich. Nach der Verurteilung wenden sich ihre Familien und Freunde von ihnen ab. Dabei wäre es wichtig für das Leben nach der Haft, dass die Kontakte zu den Menschen draußen nicht abbrechen. Und obwohl die Sozialarbeiter versuchen, den Gefangenen dabei zu helfen, werden viele immer einsamer. Viele Freundschaften und Ehen gehen während der Haftzeit kaputt.

Trotz aller Angebote zur Freizeitgestaltung, trotz Arbeitsmöglichkeiten, Therapien und Gesprächen ist der Gefängnisalltag vor allem eins: öde und langweilig. Man weiß, dass man vielleicht Jahre dort verbringen muss. Ein Tag ist wie der andere. Fast nichts mehr entscheidet man selbst, alles wird von anderen bestimmt. Man muss mit Leuten auf engstem Raum auskommen, mit denen man eigentlich gar nichts zu tun haben will. Viele Gefangene stumpfen ab, weil sie keinen Ausweg sehen. Manche denken auch an Selbstmord.

Da wird es schwierig, sie auf die Zeit nach ihrer Entlassung vorzu-bereiten. Das ist ja eigentlich die wichtigste Aufgabe im Gefängnis: Die Gefangenen sollen anschließend ein normales Leben führen, ohne wieder etwas Schlimmes zu tun. Aber genau dies können sie meistens im Gefängnis überhaupt nicht lernen, im Gegenteil.
Das ist wirklich absurd und viele kluge Menschen überlegen schon lange, wie man das verändern kann.

Die lange Zeit ohne Papa

Es reicht ja eigentlich, wenn der eigene Papa im Gefängnis sitzt, da braucht man nicht noch mehr Ärger im Leben. Aber gerade *weil* er im Gefängnis ist, ist alles andere noch doofer und es gibt noch mehr Probleme. Ich kann das Wort „Probleme" schon nicht mehr hören.

Mama hat Probleme, weil sie mit dem Geld nicht klarkommt. Das Geld von Papa fehlt. Deshalb muss sie bei Lidl mehr arbeiten und ist viel weniger zu Hause als früher. Trotzdem reicht das Geld immer noch nicht und sie ist dauernd müde und meckert viel und hört nicht richtig zu, wenn ich ihr was erzähle.

Mit mir hat sie auch Probleme, weil ich in der Schule schlechter geworden bin.
Und weil ich nicht mehr so lieb bin wie früher. Ich hab einfach keine Lust mehr, dauernd lieb zu sein. Und wenn sie dann deswegen sauer ist, gibt es Krach. Wenn sie deswegen traurig wird, ist es noch schlimmer. Dann werde ich auch traurig und hab ein schlechtes Gewissen und weiß gar nicht mehr, wohin mit mir. Sich an Papa kuscheln geht nicht. Man kann ihn ja noch nicht mal anrufen, sondern muss warten, bis er anruft.

Manchmal wünschte ich, Papa wäre einfach nur abgehauen und hätte sich von uns scheiden lassen. Das wäre was Normales. Sogar, wenn er gestorben wäre, wäre es irgendwie einfacher für uns! Aber das darf ich nicht denken und will ich auch nicht denken. Stattdessen versuche ich Papa manchmal einfach zu vergessen.

Letzte Woche wollte ich zum ersten Mal nicht mit, als Mama ihn besuchen fuhr. Mama hat gesagt, das ist o.k., aber ich habe gemerkt, dass das nicht stimmt. Papa war sicher traurig. Aber das war mir egal. Das hätte er sich vor seinem Verbrechen überlegen sollen!

HAFTERLEICHTERUNGEN

Robert ist jetzt seit einem Jahr im Gefängnis. Er hat sich an seinen Alltag gewöhnt. Jeden Tag arbeitet er in der Küche und wird von seinen Mitgefangenen ganz gut respektiert. Vor allem wohl deshalb, weil er an den Tagen, an denen der Kaufmann die bestellten Sachen bringt, für seine Mitgefangenen in der Abteilung leckeres Essen kocht. Manche sagen auch, das Essen aus der Gefängnisküche schmeckt besser, seit Robert dort arbeitet.

Bei der letzten Konferenz für seinen Vollzugsplan saßen sie alle zusammen: die Psychologin Frau Demme, die Sozialarbeiterin Frau Gündogan, Roberts Vollzugsbeamter Herr Adler, dessen Chefin Frau Werner und sogar der Gefängnisleiter Herr Rolfes. Bei diesem Termin wurde über die ersten Haftlockerungen für Robert gesprochen. Haftlockerung bedeutet, dass der Gefangene zuerst für kurze Zeit und in Begleitung das Gefängnis verlassen darf. Natürlich nur dann, wenn man sich ziemlich sicher sein kann, dass er bei einem solchen Ausgang nicht einfach abhaut. Das ist keine einfache Entscheidung, denn ganz sicher kann man sich ja nie sein. In Roberts Fall sind sich aber alle einig, dass das wahrscheinlich nicht passieren wird.

Er darf allerdings nicht einfach alleine aus dem Gefängnis rausspazieren. Janine und Sina müssen ihn an der Pforte abholen. Dann haben sie vier Stunden Zeit, die sie zusammen verbringen können. Wenn Janine nicht könnte oder nicht wollte, müsste Robert von einem Vollzugsbediensteten begleitet werden.

Endlich kommt der Tag seines ersten Ausgangs. Robert kann die Nacht davor schlecht schlafen, immer wieder muss er daran denken, dass er morgen zum ersten Mal seit über einem Jahr das Gefängnis verlassen wird. Er braucht heute nur bis zum Mittag zu arbeiten.

Nach dem Mittagessen bringt ihn Herr Adler in eine Art Umkleidekabine. Dort muss er sich komplett ausziehen und seine Sachen in einen Metallspind schließen.
Herr Neuer sperrt einen weiteren Spind in einem anderen Raum auf.
Darin sind die Kleider und Schuhe, die Robert an dem Tag trug, als er seine Haft angetreten hat. Die zieht er jetzt an. Das ist ein seltsames Gefühl, plötzlich wieder Sachen zu tragen, die man seit einem Jahr nicht angehabt hat. Sie sind ihm jetzt ein bisschen zu weit.

Dann muss er noch durch den Metallrahmen gehen und wird zur Pforte gebracht. Von Frau Blässe bekommt er einen Schein, auf dem steht, wer er ist und dass er aus dem Gefängnis rausdarf und wann er wieder zurück sein muss.

Frau Blässe drückt auf den Knopf und die Tür geht auf. Robert geht nach draußen, wo Sina und Janine schon auf ihn warten.

Doofer Papa!

Warum bist du so lange weg? Wie lange dauert das denn noch? Ich brauche dich hier bei mir und ich kann überhaupt nichts dafür, das du was Blödes gemacht hast und deshalb im Gefängnis bist. Als du hier zu Besuch warst, das war so schön, aber danach war es noch viel schlimmer das du weg bist und Mama ist so gemein! Ich wollte gestern ehrlich nicht, das Fritz verhungert und ich weis das ich mit Füttern dran bin bei Spätschicht. Mache ich doch sonst auch immer. Und dann hab ich es 1 Mal vergessen und sie macht gleich ein RIESENTEATER und macht mir keinen Schlafkakao und kommt nicht mehr zu mir ans Bett. Ist doch klar, das ich dann nicht einschlafen kann. Hab das Versteck für die sauren Würmer gefunden und fast alle gegessen, nur zwei drin gelassen. Und dann heute nach der Schule Riesengeschrei und wir beide haben geheult und jetzt ist sie wieder auf der Arbeit und ich hier alleine und eine 5 in Sachkunde. Das weis sie noch gar nicht. Alles nur, weil du sowas Schlimmes gemacht hast. Und ich werde dafür bestraft. Das ist alles so unfair.

Hab dich trotzdem lieb, deine Sina

PS: Fritz kriegt gleich sein Futter, ist ja klar.

Mein Mädchen,

ich sitze hier in meiner Zelle und habe gerade deinen Brief gelesen.
Ich weiß gar nicht, was ich dir schreiben soll, außer: Ich bin traurig, dass
ich jetzt nicht bei euch bin. Aber das wird bald anders. So wie es aussieht,
werde ich bald öfter mal Hafturlaub bekommen und kann dann für ein
ganzes Wochenende zu Hause sein.

Bitte sei Mama nicht böse, sie hat es wirklich schwer. Sie muss viel arbeiten
und alles alleine hinkriegen. Obwohl, du bist ihr eine große Hilfe und das
weiß sie ganz sicher. Aber manchmal ist man einfach zu fertig für alles und
wird bei der kleinsten Kleinigkeit wütend. Das kennst du doch auch.

Und dass du sauer auf mich bist, ist völlig in Ordnung. Ich hab ja auch
wirklich großen Mist gebaut und du musst drunter leiden. Hoffentlich kann
ich das irgendwann alles wiedergutmachen.

Übrigens denkt keiner, dass du Fritz absichtlich verhungern lassen würdest.
Das ist doch klar.

Wenn ich bald übers Wochenende zu Hause bin, üben wir ein bisschen
Sachkunde. Dann wird die nächste Klassenarbeit besser.
Und ich koch dir was Feines. Du kannst ja schon mal überlegen, was.

Meine liebe Sina, du bist wirklich sehr tapfer und hast das alles bis jetzt
super hingekriegt. Halte durch, den Rest werden wir zusammen auch
schaffen. Da bin ich ganz sicher.

Und ich bin mir auch sicher, dass ich die beste Tochter
auf der ganzen Welt habe.

Bis bald, mein Mädchen

Dein Papa

Das Papa-Wochenende

Nach Papas erstem Besuch war alles so blöd gewesen, weil man das gar nicht aushält, wenn er da ist und dann gleich wieder weg. Deshalb hatte ich ein bisschen Schiss vor dem nächsten Besuch. Da war es aber schon viel besser, und auch beim dritten Mal war es o.k. Aber so richtig gut war das erste ganze Papa-Wochenende.

Zuerst die Riesenüberraschung: Papa holte mich am Freitagnachmittag vom Ballett ab! Ich gehe ja sonst alleine nach Hause, aber ich hab mich so gefreut, als er plötzlich am Eingang stand und sich mit Emmas Mama unterhalten hat wie ein ganz normaler Papa.

Mama hatte Spätschicht, und als sie heimkam, stand das Essen auf dem Tisch: Spaghetti Carbonara und Feldsalat, hatten wir zusammen eingekauft. Mama hat geheult, so sehr hat sie sich gefreut. Die beiden sind noch lange am Küchentisch sitzen geblieben und haben geredet. Papa hat immer versucht, den Fritz zum Streicheln anzulocken, aber der hat gefremdelt.

Ich hab extra meine Zimmertür aufgelassen, als ich ins Bett gegangen bin, damit ich die Stimmen höre. Das fühlte sich so gemütlich an.

Am Samstagnachmittag hat er mich zum Eisessen ausgeführt, nur wir zwei. Überall, wo wir jemanden kennen, gab es großes Hallo und „Dich hab ich ja lange nicht mehr gesehen, wo warst du denn die ganze Zeit?". Papa hat dann irgendwas gemurmelt, jedenfalls nicht die Wahrheit gesagt und mir war's egal. Hauptsache, alle konnten sehen, dass er bei mir war. Das Coolste war, dass Charlotte und Mathilde aus meiner Klasse auch im Eiscafé waren und wir uns kurz zugewinkt haben.

Am Sonntag sind wir ins Milano Pizza essen gegangen, zu Papas alter Arbeitsstelle. Erst wollte er nicht, aber Mama hat ihn überredet, weil sie neulich seinen Chef getroffen hat und der hat gesagt: Kommt vorbei.
Es war fast wie früher, nur ein bisschen verlegen waren alle.

Franco hat mit Papa draußen eine geraucht und sie sind lange weggeblieben und haben geredet. Danach musste Papa sich beeilen, damit er pünktlich zurück im Gefängnis ist. Da waren wir alle wieder traurig, aber es war nicht so schlimm wie beim letzten Mal. Das wird nämlich jetzt öfter vorkommen, dass Papa Urlaub hat von seiner Haft. Weihnachten zum Beispiel kriegt er auch Urlaub und nächstes Jahr Weihnachten ist er sowieso vielleicht wieder frei!

OFFENER VOLLZUG

Robert hatte schon ein paar Mal Ausgang, er durfte mit seiner Frau und Sina ein paar Stunden außerhalb des Gefängnisses verbringen. Weil das gut geklappt hat und er immer rechtzeitig im Gefängnis zurück war, durfte er auch schon in Hafturlaub gehen. Das bedeutet, dass er ein ganzes Wochenende bei seiner Familie zu Hause verbringen konnte. Das ist sehr wichtig. Robert soll sich ja langsam wieder an das Leben in Freiheit gewöhnen.

Es ist nicht immer einfach, wenn ein Mann oder ein Vater so lange weg war. Man muss sich erst wieder langsam aneinander gewöhnen. Auch für die Opfer ist es schwierig, allerdings aus einem ganz anderen Grund. Wenn sie mitbekommen, dass der Täter, der ihr Leben verändert hat, wieder frei draußen herumlaufen darf, dann verletzt sie das erneut und manche haben auch wieder Angst. In Roberts Fall ist es aber o.k. Der Tankstellenmann hat seine Entschuldigung schon damals angenommen und es interessiert ihn nicht mehr, was Robert macht.

Als sie bei Roberts Wochenendurlaub im Restaurant Milano waren, hat Robert mit seinem alten Chef Franco gesprochen. Franco hatte ihn auch schon zwei Mal im Gefängnis besucht. Jetzt bot Franco Robert an, wieder in seinem Restaurant zu arbeiten, wenn er wolle. Robert war überglücklich. Denn mit einer Arbeitsstelle könnte er vielleicht den Rest seiner Strafe im offenen Vollzug verbringen. So nennt man es, wenn die Gefangenen mehr Freiheiten haben und zum Beispiel tagsüber außerhalb des Gefängnisses arbeiten gehen. Für Robert wäre das ein ganz wichtiger Schritt in Richtung seiner Entlassung.

Nicht jeder Gefangene darf in den offenen Vollzug. Dazu müssen bestimmte Bedingungen erfüllt sein. Es darf unter anderem keine Fluchtgefahr bestehen und man muss sicher sein können, dass der Gefangene nicht wieder etwas Schlimmes macht.

noch 215 Tage

Siebzehn Monate nach seinem Gang ins Gefängnis ist es endlich so weit. Robert zieht im Gefängnis um. Die Gefangenen im offenen Vollzug sind in einem eigenen Gebäude untergebracht. Das ist längst nicht so stark gesichert wie das normale Gefängnis. Die Gefangenen haben einen eigenen Schlüssel für ihren Haftraum. Im Gebäude können sie sich einigermaßen frei bewegen. Auch hier gibt es eine Gemeinschaftsküche, in der öfter zusammen gekocht wird. Manche Gefängnisse haben sogar einen Garten.

Morgens nach dem Frühstück fährt Robert mit dem Bus ins Milano. Dort arbeitet er von 8 Uhr bis 16 Uhr und muss spätestens um 17 Uhr wieder zurück im Gefängnis sein. Er darf in dieser Zeit aber wirklich nur zur Arbeit gehen, einfach so in der Stadt rumlaufen oder in die Kneipe gehen ist nicht erlaubt. Natürlich sind Alkohol und andere Drogen streng verboten. Wer sich nicht daran hält, ist ganz schnell wieder im geschlossenen Vollzug.

Das Geld, das Robert in dieser Zeit verdient, bekommt er nicht ausgezahlt. Es wird auf sein Haftkonto überwiesen und ein Teil wird schon jetzt dafür verwendet, seine Spielschulden zurückzuzahlen.

Alle zwei Wochen bekommt er zwei Tage Hafturlaub. Den verbringt er zu Hause, bei seiner Familie. Es tut Robert gut, wieder Zeit in seiner gewohnten Umgebung zu verbringen. Er kann wieder für Janine und Sina da sein. Für Robert ist das alles nicht so schwierig. Andere, die länger im Gefängnis sind und nicht so wie er Glück mit ihrer alten Arbeitsstelle haben, kommen draußen oft erst mal gar nicht gut zurecht. Alle möglichen Probleme müssen sie wieder alleine lösen, Entscheidungen selbst treffen. Einfache Dinge wie Einkaufengehen können dann schon schwierig sein. Sie müssen das freie Leben richtig üben.

Die beste Cola der Welt

Eigentlich darf ich ja keine Cola, nur wenn was ganz Besonderes ist. Gestern gab es aber trotzdem eine, und das kam so: Emma und ich laufen manchmal nach der Schule noch ein bisschen in der Innenstadt rum. Mama ist ja so selten mittags zu Hause, die merkt das nicht. Sonst würde sie es vielleicht verbieten. Gestern wollte Emma unbedingt zur Drogerie Müller, wegen Nagellack. Da mussten wir durch die Seitenstraße, in der das Milano liegt.

„Hier arbeitet mein Papa", hab ich gesagt.
„Weiß ich doch", meinte Emma. „Früher, als er noch nicht im Knast war."
„Nein, jetzt! Er macht offenen Vollzug und arbeitet da!"
„Hä? Der sitzt im Gefängnis und arbeitet trotzdem hier? Gefangene dürfen doch gar nicht raus. Das haben sie dir bestimmt nur so erzählt."
Sie hat mir einfach nicht geglaubt!

„O.k., wir gehen rein, dann kannst du es ja selber sehen", sagte ich und also marschierten wir rein, obwohl Mama mir das wirklich verboten hat.
Papa soll in Ruhe arbeiten können, er darf keinen Fehler machen, sonst ist die ganze Bewährung futsch. Ich soll ihn da nicht stören, wir sehen ihn ja sowieso jedes zweite Wochenende.
Aber ich musste es Emma beweisen.

„Siehst du, kein Robert da", sagte Emma zufrieden, als wir drinnen waren.
„Na Sina, willst du mal gucken, ob dein Papa auch anständig arbeitet?", fragte Franco, der hinter dem Tresen stand. „Kommt her, setzt euch hier an die Bar, ich spendiere euch ne Cola."
Dann öffnete er die Luke zur Küche. „Roberto! Du hast Damenbesuch!"
Emma und ich kletterten auf die Barhocker und da kam Papa aus der Küche. Er hatte seine Kochmütze auf und sah ein bisschen verschwitzt aus und er roch so gut, als er mir einen Kuss gab.
„Weiß Mama, dass du hier bist?"

Wir sagten, dass wir nur da wären, damit Emma mir glaubt, und dann tranken wir unsere Cola, die war eiskalt und schmeckte einfach toll. Emma fragte Papa aus und er erklärte ihr, wie das ist mit dem offenen Vollzug.

Emma guckte sich im Restaurant um. „Sind hier in der Stadt etwa überall Verbrecher unterwegs, die ganz normal arbeiten und abends zum Schlafen ins Gefängnis gehen?"
„Na ja, ein paar schon. Aber nur die, denen man vertrauen kann. Apropos Vertrauen, ich muss weitermachen dahinten."
Und dann mussten wir uns auch schon wieder verabschieden.

„Siehst du!", sagte ich, als wir draußen waren.
Da sagte Emma was ganz Dummes.
„Irgendwie würde ich auch gerne mal ins Gefängnis, das ist alles so spannend!"
Da wurde ich echt böse.
„Sei bloß froh, dass du nichts damit zu tun hast, du hast ja gar keine Ahnung!"

noch 185 Tage

Bei Müller konnte ich es mir nicht verkneifen. „Wenn du unbedingt ins Gefängnis willst, kannst du ja jetzt schon mal üben. Klau doch einfach deinen Nagellack, dann kommst du bestimmt irgendwann hin."

Das wollte sie dann doch lieber nicht. Wir haben unseren Nagellack ausgesucht, sie einen in Pflaume, ich einen in Glitzer-Orange, und wir haben ihn ganz normal von unserem Taschengeld bezahlt.

WIEDER FREI

Robert ist zu drei Jahren Haft verurteilt worden. Nach zwei Jahren, also zwei Dritteln seiner Strafe, kann das Gericht seine Strafe zur Bewährung aussetzen. Das bedeutet, Robert wird entlassen und es wird eine Zeit festgesetzt, in der er sich „bewähren" muss. Er darf vor allem keine weitere Straftat begehen, sonst muss er sofort wieder ins Gefängnis.

Bevor die Bewährungszeit beginnt, schreiben die Leute vom Gefängnis einen Bericht für das Gericht. Darin steht, wie sich Robert während der Haft verhalten hat und dass sie Robert zutrauen, nicht wieder straffällig zu werden. Wenn das Gericht diese Einschätzung gut findet und die Bewährung erlaubt, wird Robert vorzeitig entlassen.

Oft wird die vorzeitige Entlassung an Bedingungen geknüpft. Die nennt man Auflagen. Robert muss sich einmal im Monat bei seinem Bewährungshelfer, Herrn Rost, melden. Ein Bewährungs-helfer hilft dem entlassenen Gefangenen bei allen Alltagsfragen und überprüft, ob er sich an alle seine Vorschriften hält. Robert muss sich von einem Experten helfen lassen, seine Schulden zu bezahlen. Vor allem muss er regelmäßig zur Suchttherapie gehen. Denn seine Spielsucht war ja der Hauptgrund für den Raubüberfall gewesen.

Heute ist der Tag, an dem er das Gefängnis verlassen kann. Robert räumt seine Zelle auf und packt seine eigenen Sachen zusammen.
Er verabschiedet sich mit einer kurzen Umarmung von Fred, der noch ein Jahr Haft vor sich hat. Er verspricht ihm, ihn bald zu besuchen.

Herr Adler bringt ihn zur Kammer. Dort muss er alles abgeben, was dem Gefängnis gehört. Herr Neuer überprüft nun in der Kammer genau, ob Robert auch wirklich Robert ist. Er guckt sich das Foto an, das gemacht wurde, als Robert ins Gefängnis kam, und überprüft seine Fingerabdrücke.

So will man verhindern, dass sich ein anderer Gefangener vielleicht als Robert ausgibt und aus dem Gefängnis flüchtet. Kurz denkt Robert an den schlimmen Moment seiner Ankunft vor zwei Jahren, als er hier bei Herrn Neuer saß. Jetzt bekommt er alles wieder, was er damals abgeben musste. Seinen Personalausweis, sein Handy, seine Geldbörse und manches andere. Robert packt alles in seine Reisetasche. Ferkelchen kommt ganz obendrauf. Dann geht er zur Zahlstelle, wo ihm das Geld ausgezahlt wird, das er auf seinem Haftkonto angespart hat.

An der Pforte zeigt er Frau Blässe seinen Entlassungsschein. Sie wünscht ihm viel Glück. Robert schultert seine Reisetasche. Der Türöffner summt und Robert öffnet die Tür. Er geht raus. Die Tür fällt hinter ihm ins Schloss. Er ist wieder frei. Und wer wartet draußen und hüpft aufgeregt auf und ab wie ein Flummi?

Papa ist wieder da

Da freut man sich zwei Jahre lang drauf, dass der Papa aus dem Gefängnis kommt, und wenn er dann endlich wieder da ist, ist doch nicht alles so toll. Klar, es war ganz toll, wie wir ihn abgeholt haben. Das war so ein fröhliches Gefühl, wie wir hinfuhren und nicht wie sonst mit Frau Jaro zum Besucherzimmer gehen mussten. Papa war auch ganz aufgeregt, Mama hat nur so vor sich hin gestrahlt und am ersten Abend haben wir richtig gefeiert. Sogar der Fritz hat besondere Leckerlis gekriegt und lag ganz lange bei Papa auf dem Schoß.

Das ist jetzt schon ein paar Wochen her. Jetzt ist fast alles wieder normal – nur dass „normal" lange Zeit „ohne Papa" war. Ich bin ja nicht mehr acht! Aber er tut immer noch so. Irgendwie hat er nicht mitgekriegt, dass ich jetzt größer bin. Wenn ich mit der Emma noch ein bisschen durch die Stadt laufe nach der Schule und dann heimkomme, regt er sich auf, weil er auf den Stundenplan geguckt hat und gedacht hat, ich komme früher.
Und jetzt ist da wieder jemand, der die Hausaufgaben kontrolliert. Und der die Arbeit mit der Mathe-Vier sieht. Dann regt er sich auf und will unbedingt sofort mit mir Mathe üben und dann regt er sich noch mehr auf, wenn ich etwas nicht so schnell kapiere.

Mama hat mir erklärt, dass er sich auch deswegen schnell aufregt, weil er immer noch spielsüchtig ist, aber nicht spielen gehen darf. Das ist eine richtige Krankheit und ganz schwer. Im Gefängnis war das einfacher, weil er nirgendwo hingehen konnte zum Spielen. Jetzt in der Freiheit muss er sich beherrschen. Da ist er nicht entspannt.
Na und? Da kann ich doch nichts dafür! Aber ich krieg's ab, das ist unfair! Mama kriegt es auch ab, ich höre sie oft streiten.

Gut, dass Papa regelmäßig zum Herrn Rost gehen muss. Das ist Papas Bewährungshelfer. Ich war mal mit dort, weil ich neugierig auf ihn war. Der Herr Rost ist richtig nett! Er passt mit auf, dass Papa wieder normal mit uns leben kann nach der komischen Gefängniszeit, dass er nichts anstellt, und vor allem, dass er immer schön in seine Therapie geht, damit er die Spielsucht verlernt. Der Herr Rost ist irgendwie beruhigend. Wer weiß, vielleicht würden wir uns ohne ihn sogar scheiden lassen? Das wäre ja verrückt.

Manchmal, wenn Papa rumschimpft und nervös ist, sage ich zu ihm ganz streng: „Papa! Bewähre dich!"
Dann reißt er sich zusammen und muss auch ein bisschen lachen.

Vorgestern hatten wir Theater-AG. In der ist auch Karlotta. Als es zu Ende war, sah ich durch die Eingangstür Papa draußen stehen und freute mich.
„Hey, da ist mein Papa!", rief ich.
Da sprach sie zum ersten Mal mit mir darüber.
„Echt? Ist er wieder da?"
„Ja. Und deiner?"
Da guckte sie so traurig, dass mir das ganze Herz wehtat.
„In drei Jahren vielleicht. Hast du es gut. Tschüs."
Sie lief zu ihrem Fahrrad und sah Papa nicht an.

Wir sind zusammen zum Bus gegangen.
Auf einmal konnte ich nicht anders, ich
musste ihn so fest umarmen, wie es nur ging.
Er stolperte ein bisschen und lachte.
„Was ist denn los, mein Mädchen?"
„Ich bin so froh, dass du wieder da bist, Papa."

GEFÄNGNISDEUTSCH

Aufschluss
Öffnung der Haftraumtür
Zeitraum, in dem während der Freizeit die Haft räume offen sind

Ausführung
Der Gefangene darf das Gefängnis für eine bestimmte Zeit am Tag
unter Aufsicht von zwei Bediensteten verlassen

Ausgang
Der Gefangene darf das Gefängnis für eine bestimmte Zeit am Tag
alleine verlassen

Diszi
Disziplinarmaßnahme. Strafe, wenn Gefangene gegen die Regeln im
Gefängnis verstoßen oder nicht machen, was ihnen ein Bediensteter
aufträgt. Die Strafen reichen von Verwarnung über Einschluss,
wenn eigentlich Freizeit wäre, bis hin zum Arrest in einer speziellen
Arrestzelle. Sehr oft gibt es einige Tage Fernseh-Entzug.

Durchschließen
Einen Besucher oder Gefangenen durch Öffnen verschlossener Türen
zu einem anderen Ort im Gefängnis bringen

Eigengeld
Alles Geld, das ein Gefangener mitbringt oder während der Haft von
jemandem bekommt

Einschluss
Die Gefangenen werden in ihren Haft räumen eingeschlossen
Zeitraum, in dem die Haft räume versperrt bleiben

Erstvollzug
Gefangener, der zum ersten Mal im Gefängnis ist

Freigang
Ein Gefangener kann das Gefängnis ohne Aufsicht verlassen, um zu arbeiten

Freistunde
Die Zeit, die die Gefangenen im Freien sein dürfen – mindestens eine Stunde am Tag

Generaleinschluss
Das Abschließen aller Hafträume für die Nacht. Ein Generaleinschluss wird aber auch dann gemacht, wenn es eine Gefahrensituation gibt oder wenn die Bediensteten eine Dienstversammlung abhalten.

Habe
Das Eigentum des Gefangenen, das in der Kammer aufbewahrt wird

Haftkoller
Wenn ein Gefangener ausrastet, schreit und um sich schlägt

Notgemeinschaft
Belegung eines Einzelhaftraums mit zwei Gefangenen, weil das Gefängnis überfüllt ist

Rausschließen
Die Haftraumtür aufschließen

Umschluss
Mehrere Gefangene werden auf ihren Wunsch während der Freizeit in einem Haftraum eingeschlossen

Zugang
Ein Gefangener, der neu im Gefängnis ankommt

KNASTSPRACHE

Abreißen, Abbrummen
Eine Haftstrafe verbüßen

Acht (oder: Abführmittel, Brezel)
Handfessel, Handschellen

Affenkotelett
Banane

Ameise
Ein Gefangener, der mit kleinen
Mengen von Drogen handelt

Aschermittwoch
Tag der Verurteilung

Auf Ampel gehen
Den Notruf in der Zelle drücken

**Aushusten
(auch: Singen, Umfallen)**
Ein Geständnis ablegen

Auskellen
Essensausgabe

Jemanden auswuchten
Jemanden psychiatrisch behandeln

Bärenkot
Linsen

Bau
Gefängnis

Bello
Die Toilette in der Zelle

Beten
An den Händen gefesselt sein

Blubba
Samstagssuppe

Bombe
Glas mit 200 g löslichem Kaffee

Brühmann
Tasse Kaffee

Buckeln gehen
Arbeiten gehen

Bürsten
Jemanden verprügeln

Bunker
Der Ort, an dem jemand eine
Extrastrafe absitzt, der sich im
Gefängnis falsch verhält

Checker
Ein Gefangener, der einen sofort
ausfragt, wenn man neu ins
Gefängnis kommt

Dachdecker
Psychologe

Daddeln
Karten spielen

Daktari
Anstaltsarzt

Dauerwurst
Lebenslängliche Freiheitsstrafe

Den langen Schuh machen,
die Biege machen
Abhauen, Flüchten

Ding
Straftat

Einbuchten
Einsperren, Verhaften

Eindosen, Einkochen
Den Gefangenen in seinem
Haftraum einschließen

Einfahren
Ins Gefängnis kommen

Eisen
Schlüssel

Eisenhaufen
Schlüsselbund der
Vollzugsbediensteten

Eisenwärter
Vollzugsbediensteter

Fensterkitt
Kartoffelbrei

Fett
Bargeld

Gardine
Fenstergitter

Gift
Rauschgift

Häuptling
Gefängnisleiter

Käfigheiliger, Himmelskomiker
Gefängnispfarrer

Kaltschale
Salat

Kläranlage
Gefängnisküche

Klavier spielen
Fingerabdrücke abgeben

Knastfett
Margarine

Knacki
Gefangener

Koffer
Päckchen Tabak

Koffer mit Henkel
Päckchen Tabak mit
Zigarettenpapier

Komplett
Päckchen Tabak mit
Zigarettenpapier und Feuer

Kriegsschiff, Touristenklasse
Gemeinschaftszelle

Nachschlag bekommen
Wieder verurteilt werden

Öler
Betrüger

Pendeln
Dinge an einer Schnur aus
dem Zellenfenster raushängen
lassen und zum Nachbarfenster
schwingen

Plombe
Freizeitsperre

**Schließer,
Schlüsselanhänger,
Sheriff**
Justizvollzugsbediensteter

Sicherheitsnadel
Mitglied des Sicherheitsdienstes
im Gefängnis

Speisekarte
Liste der Vorstrafen

Stempeln
Tätowieren

Strampelanzug
Sportbekleidung

Strippen
Ganzkörperkontrolle

Trachtengruppe
Uniformierte Polizei

UFO/Unbekanntes Flugobjekt
Frikadelle

Verknacken
Verurteilen

Wachtel
Weibliche Vollzugsbedienstete

Wohnklo
Zelle (Haftraum)

Ein Kinderbuch über das Gefängnis?

Über die Arbeit an diesem Buch

Die Anregung, ein Kinderbuch über das Gefängnis zu machen, kam von der Gefängnispsychologin Susanne Jacob. Wir wussten bis dahin nicht, dass es in Deutschland rund 100.000 Kinder und Jugendliche gibt, von denen ein Elternteil im Gefängnis sitzt. In der Regel sind es die Väter. Da wir eine exemplarische Geschichte schreiben wollten, haben wir uns entschieden, als Hauptfigur einen Papa zu wählen, der in Haft ist.

Uns ist bewusst, dass unsere Geschichte fast ein bisschen zu ideal verläuft und dass es viele Kinder schwerer haben als Sina, von der hier erzählt wird. Aber da dieses Buch betroffenen Kindern Mut machen und sie durch die harte Zeit begleiten soll, wollten wir der Verzweiflung nicht zu viel Raum geben. Wir wollten ein Buch machen, das man gerne liest – auch, wenn das Thema problembehaftet ist.

Uns hat das Thema sofort gepackt. Die Menschen im Gefängnis leben außerhalb unserer Welt. Das macht nicht nur Kinder neugierig: Was sind das für Menschen, was passiert da eigentlich genau und wie hat man sich den Alltag hinter Gittern vorzustellen?

Die Recherche

Susanne Jacob hat uns buchstäblich sämtliche Türen geöffnet. Sie war unsere Gewährsfrau für alle Sachfragen, durch ihre Vermittlung konnten wir verschiedene Gefängnisse besuchen. Wir erhielten Zugang zu Menschen und Räumen, wie wir es als normale Besucher nicht erlebt hätten. Am eindrucksvollsten war eine Weihnachtsfeier für Inhaftierte und ihre Familien in der JVA Uelzen. In abgewandelter Form kommt sie auch hier im Buch vor. Daneben haben wir einiges gelesen. Doch die direkte Anschauung und die persönlichen Begegnungen waren wichtiger. Auch die Illustratorin Susann Hesselbarth ist mit in die Gefängnisse gegangen und hat dort ihren Skizzenblock vollgezeichnet.

Die Figuren Robert und seine Tochter Sina

In den Gefängnissen haben wir Männer kennengelernt, von denen wir in Teilen Roberts Strafgeschichte entliehen haben – und die Sehnsucht nach ihren Kindern. Und wir haben ein Mädchen getroffen, die das Vorbild für unsere Sina wurde. Sie war so lustig und lebhaft und ihrem Vater auf ganz normale Weise nah. Wir wissen über dieses reale Mädchen nichts, hatten sie aber beim Schreiben immer vor Augen. Beide Figuren sind also erfunden, wie auch die Bediensteten, Werkstattleiter etc. Aber es war sehr hilfreich, diese Menschen bei der Arbeit zu erleben.

Was uns in den Gefängnissen beeindruckt hat

Ein Anstaltsleiter hat es „das übermächtige Gefühl" genannt, mit dem alle Inhaftierten zu kämpfen haben. Dieses Gefühl überfällt einen auch sofort, wenn man nur zu Besuch kommt. Man möchte am liebsten gleich wieder raus! Schlimm ist das unerträglich zähe Vergehen der Zeit, das man spürt, wenn man die Gefangenen in ihren Routinen erlebt. Besonders berührt hat uns das Menschliche überall: die Versuche, sich den Haftraum gemütlich zu gestalten, die ehrlichen Gespräche der Gefangenen mit uns, die kleinen Freuden zwischendurch. Beeindruckend sind auch die Bediensteten, die ihre Arbeit sehr ernst nehmen, obwohl sie wenig Anerkennung bekommen.

Kinder und das Gefängnis

Kinder sind im Gefängnis erstaunlich präsent. In den Hafträumen haben wir Kinderfotos gesehen, Bilder, Geschenke. Außerdem trafen wir oft auf Frauen mit Kindern, die ebenfalls zu Besuch kamen. Sie hätten auch unsere Nachbarn sein können. Die Kinder wirkten nach außen völlig normal; es ist ein Teil ihres Alltags, an diesen Ort zu kommen, um den Papa zu sehen. Diese Kinder werden in gewisser Weise mitbestraft. Sie müssen durch diese Zeit durch, wie ihre Erwachsenen auch.

Ein Buch und ein Thema für alle

Das Thema Gefängnis ist aber nicht nur für die Betroffenen wichtig, sondern für alle. Als Konzept ist das Gefängnis Kindern geläufig und verständlich, aber im Konkreten trotzdem ungreifbar. Sie kennen Geschichten mit Verbrechern, in denen die Polizei kommt, die Bösen verhaftet und ins Gefängnis sperrt. Aber wie es genau im Gefängnis ist, das wissen sie nicht. Mit diesem Buch erhalten sie einen Einblick auf Kinderaugenhöhe. Und vielleicht fragen sie sich am Ende auch – wie wir –, wie sinnvoll diese Einrichtung ist. Die Antwort ist offen.

Monika Osberghaus und Thomas Engelhardt

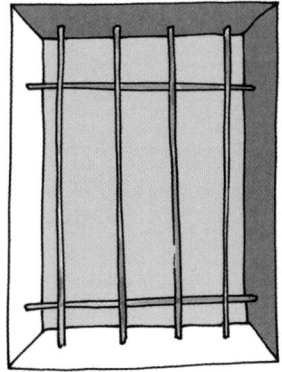

NÜTZLICHE ADRESSEN

ONLINEHILFE

www.juki-online.de

www.caritas.de/hilfeundberatung/ratgeber/haft/papa-im-gefaengnis

BUNDESWEIT

Bundesarbeitsgemeinschaft für Straffälligenhilfe (BAG-S) e.V.
Oppelner Str. 130
53119 Bonn
Telefon: 0228 6685380
Mail: bag-s@bag-straffaelligenhilfe.de
Website: www.bag-straffaelligenhilfe.de

BADEN-WÜRTTEMBERG

Hilfe zur Selbsthilfe e.V.
Katrin Schuppert
Kaiserstr. 31
72764 Reutlingen
Telefon: 07121-6961916
Mail: k.schuppert@hilfezurselbsthilfe.org

BAYERN

Treffpunkt e.V.
Fürther Str. 212
90429 Nürnberg
Telefon: 0911-274769-0
Mail: verwaltung@treffpunkt-nbg.de

BERLIN

Christina Müller | Referentin für Straffälligenhilfe und Arbeitsmarkt AWO Landesverband Berlin e.V.
Blücherstr. 62
10961 Berlin
Telefon: 030-25389225
Mail: christina.mueller@awoberlin.de

BREMEN

Verein Bremische Straffälligenbetreuung seit 1837
Faulenstraße 48-52
28195 Bremen
Telefon: 0421-79293-0
Mail: VBS@Straffaelligenhilfe-bremen.de
Website: www.Straffaelligenhilfe-Bremen.de

HAMBURG

Hamburger Fürsorgeverein von 1948 e.V.
Max-Brauer-Allee 138
22765 Hamburg
Telefon: 040-3003375-20
Mail: mail@hamburger-fuersorgeverein.de

MECKLENBURG-VORPOMMERN

Kontakt-, Informations- und Beratungsstelle für Selbsthilfegruppen (KISS) Schwerin
Spieltordamm 9
19055 Schwerin
Telefon: 0385-3924333
Mail: info@kiss-sn.de

NIEDERSACHSEN

AG RESOhelp
Berliner Allee 8
30175 Hannover
Telefon: 0511-99040-31
Mail: beratungsstelle@resohelp.de
Website: www.die-anlaufstellen.de

NORDRHEIN-WESTFALEN

Chance e.V.
Heike Clephas
Friedrich-Ebert-Str. 7/15
48153 Münster
Telefon: 0251 - 620 8822
Mail: h.clephas@chance-muenster.de
Website: www.chance-muenster.de

RHEINLAND-PFALZ

**i-PUNKT, Beratung für Angehörige
von Inhaftierten**
Turnerstraße 43
55120 Mainz
Telefon: 06131-688828
Mail: i-punkt@outh.de

SAARLAND

SOS - Beratungszentrum Kinderschutz
Seilerstraße 6
66111 Saarbrücken
Telefon: 0681-910070
Mail: kd-saarbruecken@sos-kinderdorf.de

SACHSEN

**Arbeiterwohlfahrt Landesverband
Sachsen e.V.**
Volker Abdel Fattah
Georg-Palitzsch-Straße 10
01239 Dresden
Telefon: 0351-84704526
Mail: volker.abdel.fattah@awo-sachsen.de

Straffälligenhilfe - Caritasverband Leipzig
Elsterstraße 15
04109 Leipzig
Telefon: 0341-96361-47
Mail: sozialberatung@caritas-leipzig.de

SACHSEN-ANHALT

**Verband für Straffälligenbetreuung und
Bewährungshilfe Magdeburg e.V.**
Leipzigerstraße 65
39112 Magdeburg
Telefon: 0391-622911
Mail: perspektive.md@gmail.com

SCHLESWIG-HOLSTEIN

**Schleswig-Holsteinischer Verband für
Soziale Strafrechtspflege; Straffälligen-
und Opferhilfe e.V.**
Ringstraße 76
24103 Kiel
Telefon: 0431-2005667
Mail: landesverband@soziale-
strafrechtspflege.de
Website: www.soziale-strafrechtspflege.de

THÜRINGEN

**Bewährungs- und Straffälligenhilfe
Thüringen e.V.**
Hauptgeschäftsstelle Erfurt
Gutenbergstraße 68
99092 Erfurt
Telefon: 0361-2113437
Mail: mail@straffaelligenhilfe-thueringen.de

VIELEN DANK

Wir danken **Philip Waechter**, der die Uelzener Gefängnispsychologin Susanne Jacob an uns verwiesen hat, als sie ihn auf der Suche nach einem Verlag für ihr Anliegen ansprach. Wir danken **Susanne Jacob** nicht nur für ihre Idee zu diesem Buch, sondern auch für ihre Bereitschaft, mit uns etliche Wege zu gehen, um mehrere Haftanstalten kennenzulernen. Für ihr Verständnis und die Gespräche, wenn wir nach einem Besuch im Gefängnis fix und fertig waren. Wir danken ihr für ihr Vertrauen und insgesamt dafür, dass sie uns im wahrsten Wortsinn sämtliche Türen geöffnet und uns Zugang zu vielen Menschen innerhalb der Gefängnismauern ermöglicht hat. Ihr Feedback beim Lesen des Manuskripts war unverzichtbar. Wir danken der Uelzener Gefängnisleiterin **Sabine Hamann**, die dies alles unterstützt hat. Wir danken **Matthias Weilandt**, dem stellvertretenden Gefängnisleiter in Zeithain, und seinem Pressesprecher **Thomas Kebsch** für die Führung dort und ihre Ehrlichkeit. Wir danken **Alfred Haberkorn** für seine Berichte aus dem eindrucksvollen Kreativitätszentrum in Zeithain. Ein herzlicher Dank geht an den Gefängnisleiter von Leipzig-Wachau, **Rolf Jacob**, der sich zweimal ausführlich Zeit für uns nahm, für seine Führungen und seine Aufrichtigkeit. **Thomas Galli** haben wir zu danken für ein aufschlussreiches und nachdenkliches Gespräch darüber, warum er jetzt nicht mehr Gefängnisleiter ist. Wir bedanken uns bei den vielen Bediensteten in den JVAn Uelzen und Celle, die uns von ihrer Arbeit erzählt haben, außerdem bei der Bewährungshelferin **Barbara Buchta** von „Neustart". Ein ganz besonderer Dank geht an alle Gefangenen, die uns Einblick in ihre Situation gegeben, uns ihre Hafträume gezeigt und uns berichtet haben, wie es ihnen mit ihren Kindern geht. Danke an die Kinder und ihre Mütter, die uns erzählt haben, wie sie die Lage empfinden. Besonders danken möchten wir in diesem Zusammenhang **Eileen B., Heike T., Carsten, Wolf-Dieter, Herrn M., Kevin B., Herrn T., Axel K.** und dem Mädchen, das unser Vorbild für Sina war.

Thomas Engelhardt und Monika Osberghaus